Die Lichtsäule

Geister leben unter uns!!

Autor: Wolfgang Kellmeyer

Ich wünsche Dir Zeit, zu Dir selber zu finden,

jeden Tag, jede Stunde als Glück zu empfinden.

Ich wünsche Dir, auch Schuld zu vergeben.

Ich wünsche dir, Zeit zu haben zum Leben.

1. Auflage

ISBN: 9783839113905

Herstellung und Verlag: Books on Demand GmbH, Norderstedt

(www.bod.de)

Durch meinen beruflichen Hintergrund - ich komme aus der EDV Branche - musste alles um mich herum stets logisch erklärbar sein. Dinge, welche nicht erklärbar oder logisch waren, konnten nur Erfindungen sein. Geister und verlorene Seelen waren dadurch lange für mich ein Hirngespinst, also ein Produkt blühender Fantasie. Menschen, welche behaupteten, Geister sehen zu können, hätte ich zu diesem Zeitpunkt gerne in eine Irrenanstalt verfrachtet denn dort gehörten sie nach meinem Verständnis damals auch hin. Gar nicht konnte ich verstehen, dass es sogar Menschen gab, die den Kontakt zu Geistern mit allen zur Verfügung stehenden Mitteln suchten. Dann gab es auch noch Menschen, die angeblich Kontakt zu Engeln hatten und mit deren Hilfe sie alle Probleme ihres Lebens meistern konnten. Nun gut dachte ich, Glaube kann Berge versetzen und wenn der Glaube an übernatürliche Wesen hilft, dann soll es wohl so sein. Für mich persönlich kam dies allerdings nicht in Frage!

So ging es mir dann auch, als ich zum ersten Male mit Reiki (heilende Hände) in Berührung kam. Ich hatte ein anstrengendes Wochenende hinter mit bei dem ich sehr lange still sitzen musste und meine Bandscheiben waren richtig böse mit mir. Ich hatte nur den Wunsch mich schnell hinzulegen, nachdem ich zu Hause ankam. Daraus wurde aber nichts, da wir Besuch hatten. Hinsetzen konnte ich mich aber auch nicht mehr. Ich blieb also stehen und sagte, nachdem man mir vorgeworfen hatte ich würde die Ruhe aus dem Haus bringen, dass ich nicht sitzen kann da ich große Schmerzen im

Lendenwirbelbereich hätte. Daraufhin wurde mir dann eine Reikibehandlung angeboten. „Reiki – was ist das?" war auch gleich meine Frage. Die Antwort lautete: „Du brauchst Dich nur hinzulegen und ich lege meine Hände auf die schmerzenden Stelle." Als ich hörte, dass ich mich dabei hinlegen konnte, lag ich schneller als man zählen kann. Was damit mir passieren sollte war mir fast egal, Hauptsache ich konnte liegen. Umso überraschter war ich, als ich feststellte, dass die Wärme die von den Händen ausging mir richtig guttat. Ob meine Schmerzen nun durch das Liegen, die Wärme der Hände oder durch die Kombination von beidem weggingen kann ich nicht genau sagen. Fest stand nur, dass nach zwanzig Minuten meine Schmerzen weg waren. Als neugieriger Mensch wollte ich nun doch wissen, was Reiki ist. Die Erklärung, dass seit Menschengedenken jeder Mensch sich selbst automatisch durch das Auflegen seiner Hände den Heilungsprozess des Körpers aktiviert, als Beispiel wurde das Handauflegen bei Zahnschmerzen auf die Wange oder das Auflegen der Hände auf dem Bauch wenn man Bauchschmerzen hat genannt, konnte ich durchaus nachvollziehen.

Am nächsten Tag recherchierte ich im Internet was dort über Reiki stand. Einerseits war ich fasziniert von dem was ich da las, andererseits aber auch sehr verunsichert, denn da stand vieles, was nicht logisch erklärbar war. Wochenlang schlang ich alles in mich rein, was ich über Reiki erfahren konnte und noch im gleichen Jahr belegte ich ein Seminar zum ersten

Reikigrad. Ich war begeistert von den Möglichkeiten welche mir Reiki bot, mir selbst, aber auch meinen Tieren oder anderen Menschen durch das einfache Auflegen meiner Hände zu helfen. Gerade meine Tiere (drei Hunde und fünf Katzen) nahmen Reiki gerne an, insbesondere, wenn sie erkrankt waren. Sie wurden nicht nur gesund sondern aus sehr scheuen Stubentigern wurden total zutrauliche Schmusekatzen. Dadurch war mir auch schnell klar, dass Reiki nichts mit Glauben zu tun hatte, denn die Tiere wussten eigentlich nicht was ich da mit ihnen tat. Ich war so begeistert von Reiki, dass ich schon nach acht Monaten meinen zweiten Reikigrad absolvieren wollte. Bei dem zweiten Reikigrad werden auch drei Symbole mit den dazu gehörenden Mantren vermittelt. Das dritte Symbol ist ein sogenanntes Kontaktsymbol, welches für das Versenden von Fernreiki angewandt werden soll. Es überbrückt Zeit und Raum und ist auch zur Kontaktaufnahme zur geistigen Welt (Engel, Geistige Führer oder dem „inneren Kind") gedacht.

Nun versuchen Sie einmal einem logisch denkenden Menschen ein solches Symbol näher zu bringen. Meine Reikilehrerin konnte man in diesem Moment nur bedauern. Alles in mir, jede einzelne Zelle meines Körpers, sträubte sich gegen dieses Symbol, ja es ging soweit, dass ich dieses Symbol überhaupt nicht haben wollte. Aber es half nichts, meine Reikilehrerin meinte nur, das Symbol gehöre zu diesem Reikigrad und ich bräuchte es ja nicht anzuwenden wenn ich es nicht wolle. Mit diesem Kompromiss konnte ich durchaus leben.

Es dauerte noch keine drei Monate und ich kam in eine Situation, in der es kein Entrinnen gab. Eine Freundin von mir hatte Geburtstag und ich war zu der Feier eingeladen. Allerdings hatte ich nachmittags auch noch EDV – Unterricht an einer Schule. Eine halbe Stunde vor Beginn – ich war bereits im Unterrichtsraum um noch einige Vorbereitungen zu treffen – klingelte mein Handy und das Geburtstagskind bat mich, ihr dringend Reiki zu schicken da ihr schwindelig war und sie erhebliche Kopfschmerzen hatte. Ich wollte sie auf den Abend vertrösten, aber sie meinte in einer halben Stunde kämen die ersten Gäste und so könne sie die Gäste auf keinen Fall empfangen. Also was tun in der Not, ich versprach ihr es zu versuchen und dies obwohl ich erhebliche Zweifel hatte. Also benutzte ich das mir so verhasste Symbol und war überrascht, dass meine Hände sofort sehr heiß wurden. Ich konnte nicht lange Reiki schicken da meine Schüler schon bald darauf das Klassenzimmer betraten. Ich war mir sicher, dass ich abends auf der Geburtstagsfeier dem Geburtstagskind zuerst mal Reiki geben müsste. Umso überraschter war ich, als ich dort ankam und das Geburtstagskind mir erzählte, dass ihre Kopfschmerzen und das Schwindelgefühl vollkommen weg waren und dies bereits nach wenigen Minuten des Reikisendens. Trotz dieses Erfolges blieb ich auch weiterhin skeptisch und wo immer es ging, zog ich eine direkte Behandlung durch das Auflegen meiner Hände dem Fernreiki vor. Immer dann, wenn es aus Gründen der Entfernung oder terminlichen Gründen nicht zu vermeiden war, musste ich dann doch Fernreiki senden ohne davon selbst wirklich überzeugt zu sein, dass es ankommt. Allerdings bekam ich oft Rückmeldungen die mich Lügen schimpften. So rief mich eine Bekannte welche bereits über achtzig Jahre alt war eines samstagabends an und meinte, ihr ginge es nicht besonders gut. Ich sah mich schon vor meinem geistigen Auge anstelle ins Bett zu gehen, mich ins Auto zu setzen und zu der Bekannten zu fahren welche Reiki haben wollte. Ich muss dazu erwähnen, dass diese Bekannte bereits 1991 ihren ersten Reikigrad absolviert hatte. Die Bekannte meinte dann zu mir, dass es schade ist, weil sie ja nur den ersten Reikigrad habe, denn sonst könne sie ja Fernreiki bekommen. Das war für mich ein Stichwort. Ich sagte ihr, dass doch ich den zweiten Grad brauche um ihr Reiki zu senden, sie hingegen bräuchte überhaupt keinen Reikigrad um Fernreiki zu bekommen. Ich bat die Bekannte sich auf die Couch zu legen, das Licht zu dämpfen und wenn sie wolle eine ruhige Musik aufzulegen. Ich hingegen würde ihr dann 20 Minuten lang Fernreiki senden. Sechszehn Minuten dauerte allerdings nur das Senden, danach brach der Kontakt ab, ich bemerkte dies dadurch, dass meine Hände wieder kalt wurden. Wegen den fehlenden vier Minuten wollte ich aber nicht noch einmal beginnen. Also beließ ich es bei den sechszehn Minuten.

Einige Minuten später rief mich dann die Bekannte an und teilte mir begeistert mit, dass sie alle Rollläden runter gemacht habe, das Licht aus und sich mit geschlossenen Augen auf die Couch gelegt habe. Kurz darauf sei das ganze Zimmer in einem hellen Licht erstrahlt und es habe im ganzen Körper angefangen zu Kribbeln. Dies sei ein wunderschönes Gefühl gewesen, allerdings hätte es nur sechszehn Minuten angehalten, dann wäre es leider wieder vorbei gewesen. Gerade die Übereinstimmung der Zeit machte mich doch stutzig, denn alles andere hätte auch eine blühende Fantasie sein können. So langsam wurde mir klar, dass es auf dieser Welt Dinge gab, welche man nicht oder nur schwer beweisen konnte, welche wir mit unserem Verstand nicht erfassen, geschweige denn erklären konnten, die aber dennoch da waren. Die Erde ist eben nicht nur eine Scheibe. Diese Erkenntnis war für mich nur sehr schwer verdaulich, denn sie passte so gar nicht in mein bisheriges rationales Weltbild. Allerdings und heute behaupte ich sogar zum Glück war mir damals noch nicht klar, dass dies alles erst der Anfang war und es für mich noch viel heftiger kommen würde.

Ein Jahr später begann ich mich für den dritten Reikigrad (Meistergrad) zu interessieren. Ich bekam eine CD geschenkt, welche mehrere Reinigungsmeditationen beinhaltete. Diese CD sollte mich auf dem Weg zur Reikimeisterschaft begleiten. Jeden Tag sollte ich eine der Meditationen abarbeiten. Ich legte mich dazu auf meine Couch und zog einen Funkkopfhörer an um nicht durch andere Geräusche gestört zu werden. Elf Tage lang ging alles gut, ich reinigte mich unter einem Wasserfall innen und außen, ich stand unter einem Lichtregen und wurde von Tag zu Tag reiner. Ich spürte, dass mir diese täglichen Meditationen gut taten, dass ich in meiner Mitte war und ich spürte die Harmonie in mir.

Dann kam der 12. Tag und somit auch die 12. Meditation. Ich hörte, wie die angenehme Stimme in meinem Kopfhörer sagte, dass ich bei dieser Meditation meinen „Geistigen Führer" benötigen würde. In mir sträubte sich plötzlich alles. Was sollte dieser Blödsinn mit dem geistigen Führer? Nicht mit mir!!! Meine Arme bewegten sich in Richtung Kopfhörer um die Meditation, welche noch gar nicht richtig begonnen hatte wieder zu beenden. Mitten in dieser Bewegung nahm ich plötzlich wahr, dass noch jemand im Raum war. Obwohl meine Augen immer noch geschlossen waren erkannte ich die Umrisse einer Person welche mir durch Gedanken mitteilte, ich solle weitermachen, sie wäre ja da. Meine auf halber Höhe angehaltenen Arme bewegten sich im Zeitlupentempo in ihre Ausgangsstellung zurück. Wer da vor mir schwebte, war meine Mutter, welche bereits seit dreißig Jahren tot war. Es war auch nur der Oberkörper zu sehen und was mich ebenfalls verwunderte war die Tatsache, dass dieses Wesen höchstens 25 Jahre alt war. Dazu muss ich erklären, dass meine Mutter im Alter von 43 Jahren an einer Lungenentzündung verstorben ist. Hätte mich jemand in diesem Augenblick gestochen, wäre sicher kein Blut geflossen. Ich lag auf der Couch wie gelähmt und wusste nicht was ich tun sollte. Plötzlich hörte ich auch wieder die Stimme im Kopfhörer, welche die ganze Zeit über erklärt hatte, um was es bei dieser Meditation ging. Man sollte mit dem geistigen Helfer über die zusammengeführten Hände einen Lichtkreis entstehen lassen. Dies wurde mir aber erst ein paar Tage später klar, als ich diese Meditation wiederholte. Nun verstand ich lediglich, dass ich genau jetzt meinen geistigen Helfer rufen sollte worauf ich sagte: „brauche ich nicht, ist schon da". Alles weitere was die Dame in meinem Kopfhörer noch sagte habe ich nicht verstanden. Zu sehr waren meine Gedanken ganz wo anders. Erst als die Meditation endete und mein geistiger Helfer wieder weg war, konnte ich wieder normal reagieren. Ich zog den Kopfhörer aus und tausende Gedanken schossen mir durch den Kopf. Ergebnis dieser Gedanken war, dass ich sofort mit Reiki aufhören wollte bevor ich noch in einer Klapsmühle landen würde. Abends rief ich dann meine Reikilehrerin an um den bereits gebuchten Termin für das Meisterseminar abzusagen. Ich erzählte ihr, dass ich die 12. Meditation gemacht hätte, die wo man den geistigen Helfer rufen solle. Ohne dass ich erwähnt hatte, wer da gekommen ist, fragte mich meine Lehrerin, was meine Mutter gesagt habe. Zum zweiten Mal an diesem Tag verstand ich die Welt nicht mehr. Auf meine Frage, woher meine Lehrerin denn wisse, wer mein geistiger Helfer sei antwortete diese, dass sie dies bereits wisse seit ich bei ihr den ersten Grad gemacht habe. Meine Lehrerin meinte weiter, sie würde es bedauern, wenn ich mit Reiki aufhören würde, denn sie glaube, ich sei ein ganz besonderer Schüler, aber sie müsse meine Entscheidung akzeptieren. Ich solle aber wenigstens eine Nacht darüber schlafen und mir alles gut durch den Kopf gehen lassen. Viele Menschen würden verzweifelt nach ihrem geistigen Helfer suchen und ihn nie finden und mir wäre dieses Geschenk gemacht worden ohne dass ich es erwartet hätte. Ich schlief nicht nur eine Nacht darüber sondern gleich eine Woche. In dieser Woche suchte ich auch ganz bewusst den Kontakt zu meinem geistigen Helfer und dieser riet mir ebenfalls weiter zu machen mit meiner Reikiausbildung.

Während dem dann folgenden Meisterseminar war auch meine geistige Helferin zugegen. Und wieder wunderte ich mich darüber, dass meine Lehrerin meinte, sie sei froh darüber, dass meine Mutter auch zugegen gewesen sei und dies, obwohl ich mit keinem Wort die Anwesenheit meiner Mutter erwähnte.

In den Wochen und Monaten nach meiner Meisterausbildung war meine geistige Helfererin in jeder Meditation anwesend. Die tollen Gespräche zwischen uns wurden immer auf der mentalen Ebene geführt.

So lernte ich, dass es nach dem Tod eine Zwischenwelt geben würde in die alle Seelen erst einmal müssten. Der Aufenthalt in dieser Zwischenwelt würde nach unserer Zeitrechnung etwa 6 Wochen dauern. Erst dann könnten diese Seelen auch in Kontakt zu uns treten. Dies wurde mir kurz nach dem Tod meiner Großmutter von meiner geistigen Helferin mitgeteilt.

Ich teilte bei dieser Gelegenheit meiner Mutter mit, dass ihre Schwiegermutter – also meine Großmutter verstorben sei. Sie sagte mir, dass sie dies bereits wisse, aber meine Großmutter noch keinen Kontakt mit mir aufnehmen könne. Die Möglichkeit, Kontakt zu uns aufzunehmen, haben diese Seelen nur solange, bis sie wieder reinkarniert – sprich wiedergeboren sind. So erfuhr ich auch, dass manche Verstorbenen gar nicht wussten, dass sie verstorben waren und deshalb auch nicht ins Licht gegangen seien. Dies kommt oft vor, wenn jemand ganz plötzlich stirbt oder ermordet wird. Bei Selbstmord bleibt die Möglichkeit ins Licht zu gehen, vorerst verschlossen. Andere Seelen, und dies ist die Mehrzahl, wollen nicht ins Licht weil sie an irdischen Dingen sehr hängen. Dies können Partner oder Kinder sein aber auch ein mit den eigenen Händen erbautes Haus oder eine Firma, wobei die Seelen glauben, sie müssten darauf aufpassen und könnten deshalb nicht ins Licht gehen. Oft lassen auch die Hinterbliebenen einfach nicht los und verhindern dadurch, dass eine Seele ins Licht gehen kann. Wer den zweiten Reikigrad hat, kann diesen Seelen eine sogenannte Lichtsäule – ein Weg ins Licht – zur Verfügung stellen. Darüber will ich später noch mehr schreiben.

Nun war es endlich soweit, ich war Reikilehrer und der tägliche Umgang mit Reiki brachte mich immer wieder in meine innere Mitte. Auch hatte ich schnell die ersten Schüler, welche bei mir Reiki lernen wollten. Eine Schülerin berichtete mir, dass es schon öfter passiert sei, dass ihre Haustüre verschlossen war nachdem sie das Haus verlassen hatte und die Türe zwar zugemacht hätte, aber keinesfalls abgeschlossen. Der einzige Schlüssel zum Absperren der Tür hat sie jedes Mal dabei gehabt. Sie hat dies auch ihrem Ehemann erzählt, welcher ihr dies aber nicht glaubte. Im Gegenteil, er meinte, sie solle das ja nicht anderen Menschen erzählen, da sie sonst womöglich reif für die Irrenanstalt sei. Erst Monate später passierte es auch als der Mann dabei war. Ich glaube, er sucht heute noch nach einer logischen Erklärung dafür, dass eine Tür ohne Schlüssel abgesperrt werden konnte. Die Familie hatte auch einen großen Hund welcher sich immer nur in der Küche seltsam verhielt. So stand er in der Küche und knurrte so böse vor sich hin, dass der Ehemann schon sicherheitshalber einen Stuhl zu Hilfe nahm, weil er Angst hatte, der Hund könne komplett durchdrehen. Ebenso konnte es passieren, dass der Hund in der Küche plötzlich ein Bein hob und an einen Stuhl pinkelte. In allen anderen Räumen des Hauses verhielt sich der Hund dagegen ganz normal. Da meine Schülerin von mir wusste, dass ich auch mit einem Tensor (das ist ähnlich wie ein Pendel aber als Rute) arbeite, bat sie mich mal mit dem Tensor abzufragen, was die Ursache für das seltsame Verhalten des Hundes in der Küche sei. Schnell kam dabei heraus, dass die Küche mit negativen Energien belastet war. Nun kann man mit Reiki negative Räume von diesen Energien reinigen, was ich dann auch tat. Nach dem Reinigen waren drei Ecken der Küche positiv während eine Ecke immer noch negativ angezeigt wurde. Es handelte sich bei dem Haus um ein sehr altes Bauernhaus und in der negativen Ecke der Küche war eine sehr niedrige Tür vorhanden, welche in den Keller führte. Ich öffnete diese Tür und fragte wiederum den Tensor nach vorhandenen Energien. Die Antwort war, dass der Keller sehr negativ sei. Nun kann man einen Tensor nicht einfach fragen: warum? Man muss sich langsam an das vorhandene Problem herantasten. Ich tat dies auch bis ich herausfand, dass eine verlorene Seele im Keller wohnte.

Sicherlich hätten die meisten Reikilehrer an dieser Stelle schnell eine Lichtsäule erstellt damit die arme Seele ins Licht gehen kann. Ich wollte aber wissen, wer die Seele war und warum sie sich hier aufhielt. Dazu benutzte ich das Kontaktsymbol des zweiten Reikigrades und war sehr überrascht, als ich das Wesen zwar undeutlich nur als Schemen aber dennoch wahrnehmen konnte. Es sah aus wie ein zu klein geratener Mann und stand gebeugt mit grimmigem Gesicht in einer Ecke des Kellerraumes. Es teilte mir mit, dass es selbst dieses Haus mit eigenen Händen erbaut habe und es auf dieses Haus nun aufpassen müsse. Ich antwortete, dass nun der Ur-Urenkel mit seiner Familie hier wohnen würde und die Familie schon auf das geerbte Haus aufpassen würde. Deshalb wäre es an der Zeit, dass die Seele dorthin gehen könnte wo sie eigentlich hingehöre. Nachdem dies geklärt war, stellte ich dem Wesen eine Lichtsäule hin und es verschwand schnell in diese Säule. Seitdem benimmt sich der Hund in der Küche ganz normal und es war auch keine Türe mehr abgeschlossen.

Eines Tages kam eine Frau zu mir und wollte eine Reikibehandlung da sie sich so energielos fühlte. Sie sagte mir, dass sie seit vierzehn Jahren verheiratet sei und ihr Mann nur am Wochenende zu Hause sei, da dieser auf Montage arbeiten würde. Unmittelbar nach der Hochzeit lernte sie dann einen anderen Mann kennen welcher allein lebte. Von montags bis freitags war sie dann mit ihrem Freund zusammen und am Wochenende mit ihrem Mann. Sie sagte mir, dass sie beide Männer lieben würde. Ein paar Wochen später rief sie mich an und fragte mich, ob ich Reiki in eine vertrackte Situation schicken könne. Ich sagte, grundsätzlich ja, aber ich müsse schon wissen wie die Situation denn genau aussehen würde. Die Frau erklärte mir, dass ihr Freund nun wohl eine andere Frau kennengelernt habe und ich solle doch Reiki schicken, damit die neue Frau ihre Hände von ihrem Freund lassen würde. Ich erklärte ihr, dass dies nicht ginge, da man mit Reiki keine Menschen beeinflussen könne. Ich kann nur zum Besten aller Beteiligten Reiki n diese Situation schicken. Zunächst war sie davon begeistert bis ich ihr klarmachte, dass dies bedeuten könne, dass ihr Freund die neue Frau heiraten würde, oder ihr eigener Ehemann dahinter käme, dass er seit vierzehn Jahren betrogen wird. All dies könne ja schließlich gut für die beteiligten Personen sein. Daraufhin meinte die Frau, dass ich dann besser gar nichts machen solle und sie hoffe, dass ihr Freund endlich wieder normal werden würde.

Wiederum ein paar Wochen später rief die Frau nochmals bei mir an und bat mich einer Freundin von ihr Reiki zu geben. Sie holte mich ab und wir fuhren etwa 40 Kilometer zu ihrer Freundin. Diese war eine sehr bekannte Kartenlegerin welche auch hellsichtig war. Als wir dort ankamen machte mir eine Frau die Tür auf welche richtig leblos Augen hatte. Man sah sofort, dass ihr Energiespiegel total im Keller war. Ich wusste zu diesem Zeitpunkt nicht, dass genau diese Frau einmal meine Schülerin werden würde und auch mein bisheriges Leben gründlich auf den Kopf stellen würde. Aber zunächst einmal gab ich der armen Frau etwa zwanzig Minuten lang Reiki. Danach glänzten ihr Augen wieder und sie hatte tatsächlich wieder sehr viel Elan. Sie war total begeistert von den Möglichkeiten durch Reiki und nach guten zwei Stunden fuhr ich wieder nach Hause. In der gleichen Woche rief mich die Kartenlegerin an und fragte, ob ich auch einer älteren Dame in ihrer Nähe mal Reiki geben könne. Wir verabredeten uns für den nächsten Morgen, da sie wusste, wo die Dame wohnte und auch unbedingt dabei sein wollte.

Als wir am nächsten Morgen dann zu der älteren Dame kamen, musste ich nicht nur die ältere Dame mit Reiki behandeln sondern auch deren Tochter und ihren Hund. Aber der Reihe nach. Es war zehn Uhr morgens und die ältere Dame saß in der Küche bekleidet mit ihrem Morgenmantel. Da man sich ja bekanntlich vor einer Behandlung die Hände waschen soll, fragte ich, wo ich dies tun könne. Man verwies mich an das Waschbecken in der Küche. Ich ging also zum

Waschbecken um mir die Hände zu waschen und als ich fertig damit war, drehte ich mich um und mich hat fast der Schlag getroffen, denn die ältere Dame saß nun splitternackt am Küchentisch. Ich bat sie verzweifelt sich den Morgenrock wieder anzulegen worauf sie nur meinte, dass wenn ihr Arzt komme, sie sich ja schließlich auch ausziehen müsse. Schließlich ließ sie sich von mir überzeugen, dass man für eine Reikibehandlung die Kleider ruhig anbehalten könne. Nachdem ich mit der Behandlung der älteren Dame fertig war, musste ich noch den an Krebs erkrankten Hund mit Reiki versorgen, wobei die beiden Damen verwundert feststellten, dass der Hund mir gegenüber überhaupt nicht aggressiv war. Danach wollte dann auch die Tochter der älteren Dame Reiki haben da sie als Alkoholikerin an einer Leberzirrhose litt.

Ich stellte mich hinter die Frau welche auf einem Küchenstuhl saß und legte ihr meine Hände auf ihren Kopf um ihr Reiki zu geben. Ich weiß nicht wieso, aber plötzlich kam ich mir sehr klein vor. Mir wurde bewusst, dass ich mit einer Reikibehandlung hier nicht viel helfen konnte. Da mussten ganz andere Energien her. Aber welche Energien und wo sollte ich diese hernehmen? Ich musste plötzlich an den Erzengel Raphael denken. Ob ich diesen Erzengel, der für die Heilung zuständig ist, mit dem Kontaktsymbol des zweiten Reikigrades wohl herbei bitten kann? Wie in Trance zeichnete ich das Symbol und aktivierte es durch das dazu gehörende Mantra in der Hoffnung, dass der Erzengel sich um die kaputte Leber der armen Frau kümmern würde. Ich hatte meine Augen die ganze Zeit geschlossen und meine Hände lagen immer noch auf dem Kopf der Frau. Plötzlich sah ich ein sehr grünes Licht neben mir was bei genauerem Hinsehen die Gestalt eines sehr großen Menschen annahm. Seine leuchtend grünen Hände legte diese Gestalt aber nicht, wie ich es gehofft hatte, auf die Leber der Frau sondern er hielt seine Hände genau über meine Hände. Dies verwirrte mich doch, da ich annahm, dass ein Erzengel wohl wissen müsse, wo er nun tätig werden solle. Gleichzeitg spürte ich, dass sich die Energie aus meinen Händen veränderte. Ganz gleich wo ich in der Folge meine Hände hinlegte, seine Hände waren über den meinigen. Die Behandlung dauerte gute vierzig Minuten. Ich bedankte mich bei dem Wesen und es verschwand so überraschend wie es gekommen war.

Nachdem ich wieder meine Hände gewaschen hatte erklärte mir die Frau, dass sie nun unbedingt einen Schnaps benötige. Ich sagte ihr, dass ich ihr hiervon dringend abraten würde aber sie hörte nicht auf mich. Sie nahm einen Kognakschwenker und füllte diesen bis zum Rand mit Kognak. Dann hob sie den Schwenker hoch um daran zu riechen wie man es oft bei Trinkern beobachten kann und rannte anschließend mit dem Schwenker in der Hand, ohne auch nur einen einzigen Tropfen zu verschütten, an das Waschbecken und goss den Alkohol dort hinein. Man sah ihr an, dass sie dies nur schweren Herzen gemacht hatte, aber sie meinte, sie hätte keinen Tropfen heruntergebracht.

Wir saßen anschließend noch gemeinsam am Küchentisch als die Kartenlegerin meinte, sie habe in den Karten gesehen, dass in diesem Haus eine verlorene Seele lebe und ich könne ja mal nachsehen ob sie Recht habe. Sie selbst konnte keine Geister sehen, aber sie konnte spüren, wenn Geister weggingen, also ins Licht gingen. Da sie den Raum, wo die Seele leben würde, auf den Kellerbereich eingrenzen konnte, gingen sie, ich und die Tochter gemeinsam in den Keller. Die Tochter erzählte mir, dass sie erst einmal im Keller war und sich dort überhaupt nicht wohlgefühlt hätte. Es handelte sich bei dem Haus um ein sehr altes Haus und der Keller war als Gewölbe gebaut worden. Bereits nach wenigen Minuten zeigte mein Tensor an, wo sich diese Seele aufhielt. Ich beanspruchte wieder mein Kontaktsymbol worauf ich eine noch junge Frau wahrnehmen konnte. Diese arme Frau wurde in diesem Keller umgebracht, weil sie ungewollt schwanger war, was in der damaligen Zeit nicht so einfach war wie heute. Ich erstellte eine Lichtsäule und die Seele verschwand augenblicklich im Licht. Die Kartenlegerin stand die ganze Zeit neben mir und als die Seele ins Licht ging, überkam die Kartenlegerin ein fürchterlicher Brechreiz. Ich befürchtete schon, dass sie sich übergeben müsste was aber zum Glück nicht der Fall war. Später sagte mir dann die Kartenlegerin, dass sie immer einen Brechreiz bekäme wenn eine Seele ins Licht ging und sie daran erkenne, dass die Seele weg sei.

Einige Wochen später rief mich eine junge Frau an, welche meine Telefonnummer von besagter Kartenlegerin erhalten habe. Auch in ihrer Wohnung sei ein Geist und die Kartenlegerin hätte ihr gesagt, dass ich in der Lage sei, solche Seelen ins Licht zu schicken. Wir verabredeten für den nächsten Tag einen Termin. Als ich bei der Wohnung ankam, öffnete mir ihr Lebensgefährte die Tür. Er schien sehr erregt zu sein und teilte mir auch gleich darauf mit, dass er nachts sich nicht mehr traut auf die Toilette zu gehen, weil er dann jedes Mal an dem Geist vorbei müsse. Seine Freundin hingegen konnte den Geist nicht wahrnehmen und hatte deshalb auch keinerlei Angst vor diesem. Normalerweise sind Frauen in diesem Falle sensibler, hier war es aber offenbar umgekehrt. Mit meinem inzwischen liebgewonnenen Kontaktsymbol trat ich mit der Seele in Kontakt. Es war eine junge Frau die im letzten Krieg hier ihr Leben verlor. Sie war sehr dankbar für die Lichtsäule welche ihr ermöglichte, endlich diese Welt zu verlassen. Auch hier war die Kartenlegerin zugegen und hatte auch wieder ihren Brechreiz als die Seele in die Lichtsäule ging. Nachdem die Seele weg war tranken wir gemeinsam eine gute Tasse Tee. Dabei erzählte mir dieses junge Pärchen, dass sie bereits über sechs Jahre zusammen seien und in all den Jahren fast keinen Sex hatten, da sich die Frau innerlich dagegen wehrte. Sie sagte mir, dass sie als kleines Mädchen nachts einmal wach wurde weil sie seltsame Geräusche gehört hätte. Sie bekam Angst und wollte zu den Eltern ins Schlafzimmer. Genau aus diesem Zimmer kamen die Geräusche und so war es nicht verwunderlich, dass dieses Mädchen ihre Eltern beim Sex überraschte. Sie meinte zu mir, dass sie zwar heute wisse, dass die Eltern nur Sex hatten, aber dass sie die Ursache für ihre eigene Antipathie gegen Sex genau in diesem Erlebnis als kleines Mädchen sah. Mit einer Hypnose hätte ich ihr mit Sicherheit helfen können, aber davor hatte sie Angst. Sie nahm sogar in Kauf, dass sich ihr Lebensgefährte von ihr trennen wollte wenn in punkto Sex keine Änderung eintreten würde.

So ähnlich gelagert war ein anderer Fall. Eine Frau, Mitte 40 kam mit dem Problem zu mir, dass sie zwar Sex mit ihrem Mann hat, dieser aber niemals schön für sie selbst war. Es läge nicht an ihrem Mann teilte sie mir mit sondern an der Tatsache, dass sie als kleines Mädchen von ihrem Stiefvater missbraucht worden sei. Inzwischen war der Stiefvater verstorben und sie hatte es zu seinen Lebzeiten versäumt mit ihm das Ganze in einem Gespräch zu klären. Nun, da er nicht mehr hier war, belastete sie das doch sehr. Wir gingen gemeinsam zu seinem Lieblingsplatz im elterlichen Garten. Da stand eine Bank unter einem Obstbaum und auf dieser Bank hat der Stiefvater oft und gerne gesessen. Die Frau bat mich zu versuchen, einen Kontakt mit dem Stiefvater herzustellen. Sie hatte sich fest vorgenommen, ihrem Stiefvater sein unrechtes Tun zu verzeihen. Alleine bei dem Gedanken, wieder mit ihrem Stiefvater einen Kontakt zu haben, ließen ihre Knie zittern und der Pulsschlag erhöhte sich in ungeahnte Höhen. Ich selbst war mir keinesfalls sicher, ob dies funktionieren würde und ich einen Kontakt zu ihrem Stiefvater herstellen konnte. Aber wie heißt es so schön: wer nicht versucht kann es auch nicht wissen. Also bemühte ich wieder mein Kontaktsymbol und bat den Stiefvater zu uns. Ich selbst war sehr überrascht, als er sich meldete. Leider konnte seine Stieftochter ihn nicht wahrnehmen, sodass alle Gespräche über mich laufen mussten. Ich musste aber nur wiederholen, was der Stiefvater sagte denn er war durchaus in der Lage, seine Stieftochter sowohl zu sehen als auch zu hören was sie sagte. Wir hatten im Vorfeld besprochen, dass sie ihm keine Vorwürfe machen sollte. So ganz gelang ihr dies allerdings nicht. Sie kam nicht umhin ihm zu sagen, dass er ihr Leben zerstört habe und sie noch nie Spaß an der Nähe eines Mannes empfunden habe. Allerdings meinte sie dann auch, dass sie ihm alles verzeihen würde in der Hoffnung damit abschließen zu können. Völlig überrascht war sie allerdings dann von der Reaktion ihres Stiefvaters, der ihr sagte, dass er ihr verzeihe! Mit diesen Worten verschwand er dann auch gleich in die Lichtsäule welche ich inzwischen installiert hatte. Leider haben wir nie erfahren, warum der Stiefvater seiner Stieftochter verziehen hatte. Einige Wochen später rief mich die Frau dann an und teilte mir ganz glücklich mit, dass sie nun endlich die Nähe ihres Mannes und den Sex mit ihm genießen könne. Sie seien für zehn Tage in den Schwarzwald gefahren, weg von dem Alltäglichen und sich dort erst richtig nahe gekommen. Mit geholfen haben allerdings auch neben der neuen Umgebung ein paar Gläser guten Weines.

Die Kartenlegerin hat meine Telefonnummer auch 2 Frauen gegeben die nur etwa 10 Kilometer von mir weg wohnten. Es handelte sich hierbei um eine Mutter mit ihrer Tochter. Die Mutter rief mich an und sagte mir, dass ihre verstorbene Schwiegermutter im Haus sei und sie dies durch einen sehr strengen, ja fast ätzenden Geruch wahrnehmen würde. Ich setzte mich also ins Auto und fuhr die kurze Strecke. Als ich eingeparkt hatte und ausstieg, sah ich, dass sich die Haustüre öffnete. Ich wurde also schon sehnsüchtig erwartet. In der Haustüre stand eine blonde Dame die locker ihre 200 Kilogramm auf die Waage brachte. Überraschend leichtfüßig für diesen Körperumfang tänzelte sie zur Seite und machte den Blick frei auf eine junge Frau. Es handelte sich um ihre Tochter, welche ihrer Mutter, was das Gewicht anging, um nichts nachstand. Lediglich die Haarfarbe war bei der Tochter schwarz. Wir setzten uns in die Küche und die Mutter erzählte mir, dass ihre Schwiegermutter sie nie leiden konnte und sich immer für ihren Sohn eine bessere Frau gewünscht habe. Dies hatte zur Folge, dass es immer Spannungen zwischen ihr und ihrem Mann gab. Nachdem die Schwiegermutter verstorben war, wurde es sogar noch schlimmer. Ihr Mann sei nur noch mürrisch und sie könne keine Liebe mehr bei ihm feststellen, ja es wäre jedes Mal ganz schlimm, wenn der Geist der Schwiegermutter anwesend sei. Ihr Mann glaube solch einen Humbug zwar nicht, aber sie können immer wieder diesen saureren Geruch wahrnehmen und wisse dann, dass die Schwiegermutter wieder im Haus sei. Die Kartenlegerin hätte ihr den Tipp gegeben, dass ich ihr bei diesem Problem sicher helfen könne. Sie sagte mir auch gleich, dass die Seele der Schwiegermutter im gemeinsamen Schlafzimmer sei. Nun habe ich es mir zu Eigen gemacht, immer das gesamte Haus zu überprüfen. Dabei stellte ich schnell fest, dass die Frau recht hatte. Nur im gemeinsamen Schlafzimmer war eine Seele welche mir von meinem Tensor angezeigt wurde. Mit Hilfe des Kontaktsymbols konnte ich mit einer sehr verbitterten alten Dame in Kontakt treten, welche mir unverblümt mitteilte, dass sie keinesfalls ins Licht gehen wolle, da sie ja schließlich auf ihren offenbar verblendeten Sohn aufpassen müsse. Ich wiederum teilte der Dame mit, dass ihr Sohn volljährig sei und damit durchaus in der Lage sei, sein Leben auch ohne ihre Hilfe zu leben. Ich erreichte damit aber lediglich, dass sie mich zum Teufel wünschte und sich weiterhin weigerte die von mir erstellte Lichtsäule zu benutzen. Bisher waren alle Seelen dankbar für diesen Weg den ich ihnen eröffnet hatte. Zum ersten Male weigerte sich eine Seele ins Licht zu gehen. Das war auch für mich eine ungewohnte Situation und ich suchte verzweifelt nach einer Lösung für dieses Problem. Ich kann heute nicht mehr sagen, wie ich auf die Idee kam, aber plötzlich wie aus dem Nichts hatte ich die Idee meine „Geistigen Helfer" um Unterstützung zu bitten. Ich war angenehm überrascht, als Wesen aus der von mir erstellten Lichtsäule traten und die alte Dame in die Arme einhakten und mit sanftem Druck in die Lichtsäule mitnahmen. Danach wurde mir erst bewusst, dass die Helfer nicht meine Geistigen Helfer waren welche ich ja kannte, sondern Wesen waren, die ich noch nie vorher gesehen hatte.

Das Ganze geschah an einem Mittwoch. Samstags traf ich dann Mutter und Tochter auf einem Konzert welches ich mit meiner Frau gemeinsam besuchte. Die Mutter fiel (mit ihren 200 Kilo) mir um den Hals und bedankte sich herzlich. Sie erzählte mir überglücklich, dass ihr Mann abends von der Arbeit   nach Hause kam und ihr zum ersten Male seit Jahren zur Begrüßung einen Kuss gegeben hätte. Insgesamt sei er wie rumgedreht und nicht mehr wieder zu erkennen.

Einige Wochen später rief mich die Frau dann wieder an und meinte, es wäre schon wieder ein Geist im Haus. Sie wollte wissen, ob es ihre Schwiegermutter wieder sei, obwohl der strenge Geruch fehlte der immer wahrnehmbar war wenn sie da war.

Ich fuhr also wieder zu den beiden Frauen und überprüfte wieder das ganze Haus. Es war tatsächlich eine Seele da und zwar im Zimmer der Tochter, aber dabei handelte es sich um einen Mann nämlich den Bruder der Schwiegermutter. Sie habe ihm den Auftrag gegeben auf ihren Sohn aufzupassen. Ich habe ihm das Gleiche erklärt wie seiner Schwester und er ging daraufhin friedlich in die Lichtsäule ohne dass ich die Helfer aktivieren musste. Normalerweise können verstorbene Seelen jederzeit mit uns in Kontakt treten nachdem sie ins Licht gegangen sind. Aber im Gegensatz zu den Seelen, welche noch gar nicht im Licht waren, bleiben diese Seelen nicht lange hier sondern lediglich für den Zeitraum, wo sie uns etwas mitzuteilen haben. Einen möglichen Schaden können oder besser gesagt würden sie uns niemals zufügen.

Anders ist es mit den Seelen die noch nicht ins Licht gegangen sind. Diese können nicht nur wie weiter oben beschrieben ist Türen verschließen sondern uns tatsächlich auch körperlich angreifen. Dazu komme ich aber später.

Viele Eltern glauben, wenn ihre Kinder ins Schlafzimmer kommen und behaupten, dass ein Geist in ihrem Zimmer sei, dies wäre nur eine Ausrede um bei den Eltern schlafen zu können. Dies mag zwar hin und wieder wirklich so sein, aber oft sagen die Kinder die Wahrheit. So rief mich einmal eine Frau an, deren Tochter auch abends immer bei den Eltern schlafen wollte. Die Kleine sagte, dass in ihrem Zimmer nachts immer ein Mann sei, der ihr über ihr Haar streichen würde. Das wäre zwar nicht schlimm aber sie würde es halt nicht mögen.

Bei der Überprüfung mit Hilfe des Tensors stellte ich dann fest, dass wirklich ein Geist in dem Kinderzimmer war. Nachdem ich Kontakt aufgenommen hatte, erklärte mir der Mann, dass er der bereits vor der Geburt seiner Enkelin verstorbene Großvater sei und er habe sich immer ein Enkelkind so sehr gewünscht. Ich machte ihm klar, dass seine Enkelin Angst vor seinen nächtlichen Besuchen habe und er dies sicherlich nicht wolle. Daraufhin ging er mit einem seligen Lächeln im Gesicht in die Lichtsäule welche ich ihm erstellt hatte. Sie werden es schon ahnen, von nun an schlief das Mädchen wieder ruhig in seinem Kinderzimmer. Kleine Kinder so bis zum siebten Lebensjahr etwa sind noch frei von Blockaden und können genauso wie unsere Haustiere Geister und Seelen sehen. Da Geister das Licht selbst scheuen, findet man sie stets tagsüber in dunklen Ecken eines Zimmers oder aber in der Nacht überall. Wenn Sie zu den Ungläubigen gehören, sind Sie verschlossen und blockiert und können Geister sehr wahrscheinlich nicht wahrnehmen oder sie können die Zeichen nicht lesen. Es gibt ein Leben nach dem Tod. Für alle die Personen die daran zweifeln, habe ich hier eine kleine Geschichte aus dem Internet aufgeschrieben. Leider gibt es mehrere Angaben zu dem Verfasser, sodass ich hier nicht behaupten kann von wem das Ganze ursprünglich stammt:

Das Zwillingsgespräch:

Ein ungeborenes Zwillingspärchen unterhält sich im Bauch seiner Mutter.
„Sag mal, glaubst Du eigentlich an ein Leben nach der Geburt?"
fragt der eine Zwilling. „Ja, auf jeden Fall! Hier drinnen wachsen wir und werden stark für das, was draußen kommen wird", antwortet der andere.
„Ich glaube, das ist Blödsinn!", sagt der erste. „Es kann kein Leben nach der Geburt geben; wie soll das denn bitteschön aussehen?"
„So ganz genau weiß ich das auch nicht. Aber es wird sicher viel heller als hier sein. Und vielleicht werden wir mit unseren Beinen herumlaufen und mit dem Mund essen."
„So einen Unsinn habe ich ja noch nie gehört! Mit dem Mund essen, was für eine verrückte Idee. Es gibt doch die

Nabelschnur, die uns ernährt. Und wie willst Du herumlaufen? Dafür ist doch die Nabelschnur viel zu kurz!"

„Doch, es geht ganz bestimmt! Es wird eben alles ein bisschen anders."

„Du spinnst! Es ist doch noch nie einer zurückgekommen von nach der Geburt! Mit der Geburt ist das Leben zu Ende! Punktum."

„Ich gebe ja zu, dass keiner weiß, wie das Leben nach der Geburt aussehen wird. Aber ich weiß, dass wir dann unsere Mutter sehen werden, und sie wird für uns sorgen."

„Mutter??? Du glaubst doch wohl nicht an eine Mutter? Wo ist sie denn bitte?"

„Na hier! Überall um uns herum. Wir sind und leben in ihr und durch sie. Ohne sie könnten wir gar nicht sein!"

„Quatsch! Von einer Mutter habe ich nie etwas bemerkt. Also gibt es sie auch nicht!"

„Doch, manchmal, wenn wir ganz still sind, kannst Du sie singen hören. Oder spüren, wenn sie unsere Welt streichelt!"

Eines Tages kam meine Cousine zu mir und erzählte mir, dass ihre Mutter vermute, dass ein Geist in ihrem Hause sei. Sie bat mich, dies einmal zu überprüfen. Zurzeit sei die Mutter in Urlaub und deshalb wäre der Zeitpunkt günstig. In diesem Haus ist 10 Jahre früher mein Großvater während er essen wollte einfach verstorben. Deshalb hatte ich auch fest daran geglaubt, dass es seine Seele ist, welche sich da im Haus aufhielt. Ich fuhr also mit meiner Cousine zum Haus ihrer Eltern. Ich sollte dabei erwähnen, dass meine Cousine eine

Heidenangst vor Geistern hat. Alleine der Gedanke an Geister lässt ihre Haare zu Berge stehen. Als wir ankamen überprüfte ich das gesamte Haus mit Hilfe meines Tensors. Da wir tagsüber in dem Haus waren fand ich den Geist in einem dunkeln Raum, welcher keine Fenster hatte, dafür aber mehrere Türen, welche wiederum in andere Räume führten. Nachdem ich Kontakt aufgenommen hatte war ich sehr überrascht, dass es sich bei dem Geist nicht um meinen Großvater handelte sondern um meine Cousine welche im zarten Alter von sechszehn Jahren an Gehirnbluten auf Heiligabend starb. Sie fiel vierzehn Tage vorher eine frisch geputzte Marmortreppe hinunter und klagte anschließend über Kopfschmerzen. Der Arzt stellte eine Gehirnerschütterung fest. Einen Tag vor Heiligabend fiel sie dann um und war bewusstlos. Im Krankenhaus stellte man dann eine Gehirnblutung fest und sie wurde gleich einer Notoperation unterzogen. Leider kam dieser Eingriff zu spät, sodass meine Cousine einen Tag später verstarb. Das Ganze passierte nicht in diesem Haus sondern in dem älteren Haus meines Großvaters. Und nun stand ich in dem dunklen Raum dreißig Jahre später vor ihrem Geist. Sie teilte mir mit, dass ihre Mutter sie unbewusst festhalten würde und sie deshalb noch nicht ins Licht gehen konnte. Ich fragte sie, ob sie mit ihrer draußen wartenden Schwester reden wolle und sie bejahte dies. Also ging ich in das angrenzende Wohnzimmer zu meiner Cousine. Als ich ihr sagte, dass es sich bei dem Geist um ihre Schwester handele und sie die Möglichkeit habe mit dieser zu reden, wurde sie aschfahl im Gesicht und wäre am liebsten weggelaufen. Sie wollte keinesfalls mit zu ihrer Schwester. Ich fragte, ob ich die Schwester ins Licht schicken solle, was aber meine Cousine verneinte, denn sie wollte ihrer Mutter in diesem Falle nicht vorgreifen. Dies teilte ich anschließend auch dem Geist meiner verstorbenen Cousine mit. Einige Zeit später kam meine Tante mich besuchen und erzählte mir von diesem Geist. Sie wusste nicht, dass der Geist meiner Cousine mit ihr zu mir gekommen war. Sie sagte mir, dass immer am Heiligabend ihre Heimorgel, ohne dass jemand daran sitzen würde, plötzlich anging und sogar Musik ertönen würde. Ebenso würde an dem Geburtstag ihrer verstorben Tochter immer eine Uhr stehen bleiben und auch nicht laufen, wenn sie die Batterie wechseln würde. Erst am darauffolgenden Tag würde die Uhr wieder laufen als wenn nichts geschehen wäre. Seltsamerweise blieb der Geist meiner Cousine in meiner Praxis als meine Tante sich wieder verabschiedete. Ich sah darin ein Zeichen dafür, dass meine Cousine nun auf jeden Fall ins Licht gehen wollte. Also stellte ich ihr eine Lichtsäule hin und wünschte ihr alles Liebe und Gute als sie diese Lichtsäule benutzte.

Ich hatte ja bereits geschrieben, dass Haustiere und ich behaupte sogar, alle Tiere, Geister durchaus in irgendeiner Form wahrnehmen können. Dies bestätigte mir auch eine Bekannte der Kartenlegerin. Sie hatte eine Katze und diese konnte auch Geister bemerken. Hin und wieder würde ein Geist meistens über den Balkon zu ihr in die Wohnung kommen. Die Dame selbst konnte den Geist nicht spüren oder sehen, aber ihre Katze würde dann jedes Mal sofort aufspringen und in den oberen Stock rennen. Dies würde sie sogar zeigen, wenn sie vorher tief und fest geschlafen habe. Zum Zeitpunkt meines Besuches ließ sich dieser Geist aber nicht sehen sodass ich auch keine Lichtsäule erstellen musste.

Ein anderes Beispiel für das Erkennen von Geistern lieferte mir meine Schäferhündin Rena. Beim täglichen „Gassi - gehen" – immer auf der gleichen Wiese – verhielt sich der Hund ganz normal. Aber immer wenn es dunkel war und ich auf diese Wiese kam, blieb die Hündin plötzlich ohne ersichtlichen Grund stehen, und zwar in einer drohenden Haltung und knurrte vor sich hin. Zunächst dachte ich, sie hätte ein Tier entdeckt welches ich aufgrund der Dunkelheit nicht gesehen hätte. Aber dem war nicht so und sie zeigte das gleiche Verhalten immer wieder abends auf dieser Wiese. Irgendwann einmal wollte ich der Sache auf den Grund gehen und zeichnete das Kontaktsymbol. Sehr überrascht war ich über die Tatsache, dass gleich mehrere Geister auf dieser Wiese herum irrten. Wer diese Geister waren und warum sie ausgerechnet auf dieser Wiese sich aufhielten konnte ich nicht feststellen. Ich stellte mitten auf die Wiese eine Lichtsäule und schon bald darauf war die Wiese frei von Geistern und mein Hund verhielt sich auch im Dunkeln wieder ganz normal wie am Tage auch auf dieser Wiese. Es kann durchaus sein, dass auf dieser Wiese in früherer Zeit einmal eine kleine Schlacht stattfand und deshalb einige Menschen ihr Leben dort verloren hatten und nun als Geister hier ihr Dasein verbringen mussten.

Meine Schwester hat ein Haus in Frankreich und auch sie bat mich einmal ihr Haus auf Geister hin zu überprüfen. Dabei muss ich erwähnen, dass meine Schwester eine weiße Kräuterhexe ist, welche durchaus in der Lage ist mit Geistern in Kontakt zu treten. Sie wusste von einem Geist in ihrem Haus welcher manchmal ihr einen Streich spielte. So hatte sie einmal gerade ihre Küche geputzt und wollte nur noch den alten Kaffeefilter entsorgen, als ihr der Geist unter ihre Hand schlug und der ganze Kaffeesatz in der frisch geputzten Küche verstreut wurde. Ein anderes Mal fiel ein mittelalterliches Kampfschwert, welches meine Schwester in ihrem Wohnzimmer an der Wand hängen hatte, einfach herunter. Dies Haken, an denen das Schwert aufgehängt war, steckten aber nach wie vor in der Wand. Auch die Kette, welche das Schwert fest hielt, war nicht kaputt. Es musste jemand von unter das Schwert anheben damit dieses aus der Verankerung fallen konnte. Zu dem Zeitpunkt des Geschehens war aber außer meiner Schwester kein lebender Mensch im Haus. Allerdings waren diese Geschehnisse nicht der Anlass für den Hilferuf meiner Schwester, sondern die Tatsache, dass neben dem vorhandenen Geist nun auch noch eine ganze Geisterfamilie eingetroffen war. Meine Schwester hatte sich mit starken Kopfschmerzen auf ihre Couch gelegt. Dabei hatte sie einen Bergkristall zur Schmerzbekämpfung auf ihre Stirn gelegt und die Augen dabei geschlossen. Das Wohnzimmer ist ebenerdig und sie hatte die Türe zur Veranda geöffnet. Plötzlich bemerkte meine Schwester trotz geschlossener Augen, wie ein Vater mit seiner Frau und einem schon fast erwachsenen Sohn durch die geöffnete Türe hereinkam. Die ganze Familie war in römische Kleider aus dem Mittelalter gekleidet und wirkte keinesfalls bedrohlich auf meine Schwester. Meine Schwester war dennoch der Meinung, dass ein Geist vollkommen ausreichen würde und bat mich darum, ihr Haus von Geistern und anderen negativen Energien zu reinigen. Natürlich wollte ich auch hier den Grund für das Vorhandensein dieser Geister wissen. Dies sind offenbar meine weiblichen Anteile in mir, welche mich so neugierig machten.

Jedenfalls wurde mir von dem schon immer hier lebenden Geist mitgeteilt, dass dieser sich in diesem Haus umgebracht habe. Er war der Vorbesitzer des Hauses und als Totengräber des Ortes beschäftigt. In dieser Eigenschaft hatte er den Schmuck der Toten an sich genommen bis zu dem Zeitpunkt, wo alles rauskam. Weil er sich so geschämt hatte und um einer möglichen Verurteilung zuvor zu kommen hat er sich selbst das Leben genommen. Anders dagegen stellte sich die Situation bei der mittelalterlichen Familie dar. Diese verlor während eines Krieges gemeinsam ihr Leben und war nur gekommen, um meiner Schwester gegen den vorhandenen Geist beizustehen. Der Totengräber wollte die von mir erstellte Lichtsäule nicht benutzen, weswegen ich dann wiederum meine geistigen Helfer bemühte. Nachdem diese ihn mitgenommen hatten, gab es für die mittelalterliche Familie keinen Grund für ihre Anwesenheit mehr und sie schritten mit stolzen, erhobenen Häuptern ebenfalls in die Lichtsäule.

Falls nun bei Ihnen der Eindruck entstanden ist, ich würde jeden Tag irgendwelche Seelen ins Licht schicken, kann ich Sie beruhigen. Dem ist bei weitem nicht so, alle geschilderten Vorfälle erstreckten sich über mehrere Jahre.

Eines Tages klingelte mein Telefon und ein verzweifelter Mann bat mich um Hilfe. Seine Frau konnte schon drei Jahre nicht mehr ruhig durchschlafen da jede Nacht ein männlicher Geist an ihrem Bett stand. Sie zog sich stets die Bettdecke über ihren Kopf um nach einigen Minuten zu überprüfen, ob der Geist immer noch da war was auch jedes Mal der Fall war. Tagsüber war die arme Frau dann natürlich total erschöpft und holte den fehlenden Schlaf im Wohnzimmer auf der Couch nach. Ich setzte mich in mein Auto und fuhr zur angegebenen Adresse. Zunächst schilderte mir die Frau im Beisein ihres Mannes was da jeden Abend im Schlafzimmer passierte. Tagsüber konnte sie diesen Geist nicht wahrnehmen, obwohl, wie sich später heraus stellte, der Geist durchaus auch tagsüber anwesend war, allerdings in einer Ecke verkrochen. Nachdem ich im Schlafzimmer den Geist lokalisieren konnte, diskutierte die Frau mit mir, dass der Geist aber immer nur neben ihrem Bett stand. Er würde nichts tun sondern immer nur ruhig da stehen. Ich erklärte ihr, dass er sehr wahrscheinlich nur bei Dunkelheit aus der tagsüber dunklen Ecke herauskommen würde und sich bei Tageslicht eben in der Ecke aufhalten würde. Ich stellte in diese Ecke eine Lichtsäule und konnte erkennen, wie diese Seele ins Licht ging. Danach fragte ich meinen Tensor, ob noch weitere Geister im Haus seien. Die Antwort war ein klares „JA". Also überprüfte ich vom Dachstuhl bis zum Keller jeden Raum, ohne etwas zu finden. Im Keller angekommen entdeckte ich eine kleine Tür. Auf meine Frage, was hinter dieser Tür sei, wurde mir geantwortet, dass dort nur eine kleine Werkstatt sei und da wäre sicher nichts. Da in dem Haus laut meinem Tensor aber auf jeden Fall noch ein Geist wohnte, wollte ich selbstverständlich auch dort nachsehen. Ich hatte richtig vermutet, genau dort war noch eine Seele. Sie gehörte einer Frau welche mir auf die Frage, warum sie hier sei, antwortete, dass sie den Mann liebe und ihm unendlich dankbar sei.

Ich teilte dem Ehepaar mit was ich erfahren hatte. Daraufhin sagte mir der Mann, dass seine ehemalige Lebensgefährtin hier im Haus an Krebs verstorben sei und er sie bis zu ihrem Tode gepflegt habe. Seine jetzige Ehefrau meinte, dass sie nun wisse, wieso er fast jeden Tag in dieser Werkstatt sei, ohne dass er überhaupt dort etwas arbeite. Der Mann sagte daraufhin, dass er sich hier unten eben wohlfühle, aber auch, dass er nicht gewusst hatte, dass sich die Seele seiner ehemaligen Lebensgefährtin hier aufhalten würde. Ich hatte den beiden vorher eine sehr genaue Beschreibung der Frau gegeben.

Beide waren der Meinung, ich solle die Seele ruhig dort lassen denn die würde beide nicht stören. Ich erklärte der Seele, dass, wenn sie den Mann wirklich liebe, sie jetzt ins Licht gehen könne, wenn sie es möchte. Andernfalls würde sie die neue Beziehung doch auf irgendeine Weise stören. Wäre sie nicht von alleine gegangen, hätte ich in diesem Falle keine geistigen Helfer bemüht, aber die Seele ging dann doch ins Licht. Der Mann und seine Frau standen die ganze Zeit neben mir und weinten.

Einige Tage später teilte mir der Mann per Mail mit, dass er mir sehr dankbar sei, denn seine Frau könne endlich wieder ruhig im Bett schlafen, da der Geist im Schlafzimmer nicht mehr anwesend war. Andererseits wäre er selbst sehr traurig, da er das Gefühl habe, seine ehemalige Lebensgefährtin zum zweiten Male verloren zu haben. Er würde auch keinen Sinn mehr darin sehen, noch den ganzen Tag in dieser Werkstatt zu verbringen und deshalb könne er auch wieder ein ganz normales Leben führen. Interessant an diesem Beispiel ist die Tatsache, dass die Seele der verstorbenen Lebensgefährtin sein eigenes Leben durchaus beeinflusste, ohne dass er selbst sich darüber im Klaren war und von der Existenz der Seele in seiner Werkstatt nichts wusste. In diesem Falle war die Beeinflussung positiv, aber es kann natürlich auch genau das Gegenteil der Fall sein, nämlich eine negative Beeinflussung.

Dieser Mann gab meine Telefonnummer einer Bekannten, welche genau eine negative Beeinflussung in ihrem Haus erleben musste. Sie rief mich an und bat mich, die Seele ihres vor Jahren verstorbenen Mannes ins Licht zu schicken. Ich begab mich zu der angegebenen Adresse und die frau erzählte mir, dass ihr Mann sich in dem Haus erhängt habe. Seitdem würde sich der Geist im Haus aufhalten. Für sie selbst habe dies keine großen Belastungen dargestellt, solange sie nicht im gemeinsamen Schlafzimmer schlafen würde. Immer dann, wenn sie dies getan habe, wäre sie den darauf folgenden Tag krank gewesen. Nachdem sie dies festgestellt habe, hätte sie halt nicht mehr im Schlafzimmer geschlafen sondern in einem anderen der dreizehn Zimmer des Hauses. Nun sei aber eine neue Konstellation eingetreten, sie hätte einen neuen Mann kennengelernt. Diese habe sie im Haus besucht und sei während des Besuches auch auf die Toilette gegangen. Er habe dabei die Toilettentüre nicht abgeschlossen und beobachtet, während er auf der Toilette saß, wie sich der Schlüssel von der Toilettentür von ganz alleine rumdrehte und dabei die Türe verschloss. Dieses Erlebnis hatte den armen Mann so in Panik versetzt, dass er schnellstmöglich das Haus verließ und dabei sogar vergaß, seine Hose wieder hoch zu ziehen.

Das ging der Frau nun doch zu weit. Auf die Übernachtung im Schlafzimmer könne sie ja verzichten, aber dass der Geist ihres Mannes nun auch Einfluss auf ihre neue Beziehung nahm, wollte sie nicht hinnehmen. Ich fragte die Frau, wo sich denn ihr Mann ganz genau erhängt habe und sie teilte mir mit, das dies unter dem Dach geschehen sei.

Wir gingen also in das obere Stockwerk und ich fragte meinen Tensor, ob dort ein Geist vorhanden wäre was mir der Tensor bejahte. Mit meinem Kontaktsymbol trat ich in Kontakt mit der Seele und war überrascht, dass es sich bei dieser Seele um einen sehr jungen Mann, maximal 14 bis 15 Jahre alt, handelte. Ich erzählte der Frau, was ich hier sehe und sie meinte, dass es sich hierbei sicherlich um ihren Sohn handelte, welcher sich ebenfalls das Leben genommen habe. Dies sei allerdings unten im Haus passiert. Ich stellte dieser jungen Seele eine Lichtsäule auf und die Seele bedankte sich und war verschwunden. Da das obere Stockwerk nun geisterfrei war, gingen wir ins Erdgeschoss. Im Wohnzimmer zeigte mir mein Tensor erneut das Vorhandensein von einem Geist an. Wieder benutzte ich mein Kontaktsymbol und war überrascht, dass auch diesmal es sich nicht um den Geist des Ehemannes handelte sondern gleich zwei Seelen da waren. Zum einen handelte es sich um die Seele einer bereits älteren Frau und bei ihr war die Seele eines Säuglings. Wiederum erzählte ich der anwesenden Frau, was ich sah und sie meinte, dies müsse die Seele der Vorbesitzerin des Hauses sein. Sie wäre eine sehr spirituelle Frau gewesen und manche im Ort hätten sie als Hexe verschrien, bei der Seele des Kindes könne es sich um die Fehlgeburt der Vorbesitzerin handeln. Auch hier ging die Seele der Frau mit der Seele des Kindes sehr gerne in die Lichtsäule. Nun war auch das Erdgeschoss frei von Geistern und es blieb nur noch der Kellerraum übrig.

Als wir in den Heizungskeller kamen, spürte ich sofort die Anwesenheit eines Geistes. Ich brauchte dazu noch nicht einmal den Tensor zu befragen. Ich nahm also mit dem Kontaktsymbol Verbindung auf und war doch überrascht, was ich da plötzlich sah. Bei dem Wesen handelte es sich weder um die Gestalt eines Menschen, noch um die eines Tieres, sondern eher eine Mischung von beidem. Auch hat dieses Wesen keine Sprache benutzt sondern eher ein für mich nicht verständliches Kreischen. Die ebenfalls anwesende Frau weinte plötzlich und meinte, dass hier verstorbener Mann sei. Ich erklärte ihr, dass es sich nicht um die Seele eines normalen Mannes handele sondern eher um eine Mischung zwischen Mensch und Tier, worauf sie meinte, dass es auf jeden Fall ihr Mann sei.

Ich erzeugte eine Lichtsäule welche aber von diesem Wesen nicht angenommen wurde. Im Gegenteil. Plötzlich und unerwartet griff mich dieses Wesen an und schleuderte mich gegen die geschlossene Türe, welche sich hinter mir befand. Während dieser Aktion schrie das Wesen mit einer Stimme, welche ich so noch nie in meinem Leben gehört hatte. Auch konnte ich keinerlei Gegenwehr machen, da der Angriff für mich völlig überraschend kam. Was genau der Auslöser war kann ich gar nicht sagen, jedenfalls flog ich nach hinten, ohne dass mich dieses Wesen tatsächlich körperlich berührt hatte. Zum ersten Male verspürte ich so etwas wie Angst in mir aufsteigen. Bin ich nun an meine persönlichen Grenzen gestoßen? War dieses Wesen wirklich die Seele des verstorbenen Mannes dieser Frau? Schnell rief ich meine geistigen Helfer herbei welche zum Glück auch gleich kamen. Nur diesmal waren sie nicht so zimperlich sondern überwältigten dieses Wesen und zerrten es mit sich in die Lichtsäule. Danach war es gespenstig ruhig in diesem Heizungsraum und nur noch das fast stille Weinen der Frau war zu hören. Ich fragte meinen Tensor, ob es noch weitere Geister im Haus geben würde, was aber verneint wurde. Weiterhin fragte ich, ob es sich bei dem Wesen um die Seele des verstorbenen Mannes handeln würde, was von dem Tensor bejaht wurde.

Nach dieser Aktion gingen die Frau und ich wieder nach oben und tranken eine Tasse Kaffee. Beide waren wir regelrecht geschockt, aber die Frau meinte, sie hoffe nun in Ruhe hier weiter zu leben. Ihr Mann sei schon zu Lebzeiten ein recht seltsamer Genosse gewesen. So habe sie nie gewusst, mit was er sein Geld verdiene und auf ihre Frage hätte er nur gesagt, er würde für einen Geheimdienst arbeiten und dürfe nicht darüber reden. Vielleicht war das die Erklärung für dieses doch sehr seltsame Wesen im Keller.

Interessant war auch die Tatsache, dass die Frau zwar durchaus ihren Mann als Seele in ihrem Haus wahrnehmen konnte, die anderen drei vorhandenen Seelen aber nicht. Ok, die anderen drei Seelen haben auch keinen Unsinn gemacht und verhielten sich unauffällig, was im Übrigen für die meisten Seelen gilt. Sie verhalten sich oft ganz unauffällig und können so Jahrzehnte unter uns weilen ohne dass wir überhaupt von ihrer Existenz erfahren. Manches was wir mitbekommen, deuten wir auch nicht richtig, sondern glauben eher an Zufälle oder Missgeschicke. Es gibt Menschen, welche Seelen fühlen können, sie spüren plötzlich ein Unwohlsein, andere können sie durch einen eigentümlichen Geruch wahrnehmen, seltener kommt es vor, dass man sie als Schatten oder Umrisse erkennen kann. Wir Menschen sind halt unterschiedlich sensibel und leider oft auch blockiert. Viele haben auch einfach nur Angst vor der Existenz von Geistern und wollen diese deshalb nicht wahrnehmen. Ich glaube jeder hat schon einmal das Gefühl gehabt, beobachtet zu werden oder plötzlich nicht alleine im Hause zu sein obwohl niemand anderes anwesend war. Viele Menschen haben auch unbewusst Angst im Dunkeln, andere wiederum sind davon überzeugt, dass negative Veränderungen in ihrem Leben durch Geister oder auch negative Energien erzeugt werden.

So hat mich auch einmal ein Ehepaar angerufen, um das von ihnen geerbte Haus zu überprüfen. Seit sie in diesem Haus wohnten, ging alles in ihrem Leben schief. Der Mann verlor seine Arbeit, wurde krank und die beiden waren nur noch am Streiten. Da alles zeitlich mit dem Einzug in das Haus zusammenfiel, waren beide sich sicher, dass mit dem Haus etwas nicht stimmen konnte. Ich überprüfte mit dem Tensor jedes Zimmer und konnte schließlich im jetzigen Schlafzimmer 2 Seelen entdecken, eine männliche und eine weibliche Seele, welche heftig miteinander stritten. Meine Anwesenheit haben beide ignoriert. Ich bekam auch keinerlei Antworten auf meine Fragen, wer die beiden sind und warum sie hier sind. Also stellte ich eine Lichtsäule hin und mir kam es so vor, als ob die männliche Seele regelrecht in diese Lichtsäule flüchten würde nur um dem Streit mit der weiblichen Seele zu entkommen. Die weibliche Seele hingegen folgte der männlichen um weiterhin streiten zu können. Nachdem beide Seelen in der Lichtsäule verschwunden waren löste sich die Lichtsäule auf und es herrschte plötzlich wieder eine angenehme Ruhe in dem Zimmer. Eine weitere Überprüfung des Hauses ergab, dass keine Seelen mehr vorhanden waren. Es versteht sich von selbst, dass ich die Räume durch Reiki mit positiver Energie reinigte.

Das Ehepaar setzte sich dann mit mir ins Wohnzimmer wo wir gemütlich eine Tasse Kaffee tranken. Ich erzählte, was ich in dem Schlafzimmer wahrgenommen hatte und der Mann meinte, dass die beiden Seelen sicher seine Eltern waren. Diese hatten bereits zu Lebzeiten sich immer nur gestritten und man konnte nicht behaupten, dass in dem Haus jemals Harmonie geherrscht habe. Da der Vater des Mannes zu Lebzeiten im Außendienst arbeitete, kam er oft nur am Wochenende nach Hause. Seine Frau war sehr eifersüchtig, der Sohn meinte auch, dies sei sie zurecht gewesen, und so kam es immer wieder zu Streitereien. Dies führte auch zu einer zeitlich - räumlichen Trennung der beiden. Erst als es dem Vater körperlich schlecht ging kam er zurück bis zu seinem Tod.

Bereits vierzehn Tage nachdem ich die Lichtsäule stellte, hatte der Mann wieder einen Arbeitsplatz, war gesund und auch die Ehe verlief wieder in Liebe und Harmonie.

Dass auch Tiere nach ihrem Tod als Seelen weiterleben können, erfuhr ich, nachdem eine Katze die mir zugelaufen war, eines Abends überfahren wurde. Es war ein verregneter Samstagabend und ich war nicht zuhause. Dadurch erfuhr ich erst am nächsten Tag, dass die Katze überfahren wurde und auch schon beerdigt sei. Ich konnte mich deshalb nicht von dieser Katze verabschieden. Nun war es so, dass diese kleine Katze mir sehr ans Herz gewachsen war und immer wenn ich mit meinen Hunden draußen war und die Hunde mittels einer lautlosen Hundepfeife rief, auch die Katze kam. So war es nicht verwunderlich, dass ich immer wenn ich diese Pfeife benutzte, darauf gewartet hatte, dass die Katze sich melden würde. Ich konnte und wollte nicht glauben, dass sie nicht mehr da war. Etwa sechs Wochen später machte ich wiedermal eine Meditation bei der auch meine Geistige Helferin anwesend war. Ich lag mit geschlossenen Augen auf meiner Couch als diese kleine Katze plötzlich von der Rückwand der Couch auf meine Brust sprang und ihr kleines Köpfchen zum Abschied an meiner Wange rieb. Sehr gerührt darüber wunderte ich mich, dass auch die Katze als Seele weiterlebte. Meine Geistige Helferin teilte mir mit, dass alle Lebewesen als Seelen weiterlebten und sich uns so zeigen würden, dass wir wüssten, wer sie sind. In Wirklichkeit würden sie aber anders aussehen. Nun ich erwähnte ja bereits, dass ich ein sehr neugieriger Mensch bin und so ist es nicht verwunderlich, dass ich darum bat, diese Seelen in ihrer natürlichen Ansicht zu sehen. Dieser bitte wurde dann auch für zwei bis drei Minuten entsprochen. Was ich sah, waren nur noch weiße milchige Nebelschwaden, bei denen man nicht mehr erkennen konnte, ob das Wesen ein Mensch oder Tier war, geschweige denn weiblich oder männlich. Diese Nebelschwaden vermischten sich auch sofort und wurden Eins. Leider habe ich dieses Kätzchen nie wieder wahrgenommen. Der Abschied war wohl doch endgültig.

Ebenfalls überrascht wurde ich nach einem Anruf, durch den ich gebeten wurde, doch einmal im Haus des Anrufers nachzusehen, ob es dort eventuell Geister geben würde. Nachdem ich dort angekommen war, öffnete mir ein Mann die Haustüre. Er erklärte mir in Kurzform, warum er mich angerufen habe. In dem Haus war seine ehemalige Frau verstorben und er vermute, dass diese hier ihr Unwesen trieb. Auf meine Frage, was er denn so festgestellt habe antwortete er, dass seine anschließende Lebenspartnerin im ersten Stock im Sterben liege. Sie habe Krebs bekommen. In der unteren Etage lebe seine letzte Lebenspartnerin und diese verhalte sich ebenfalls sehr seltsam. Er selbst lebe mittlerweile bei einer anderen Frau, die, mit der er eben gekommen sei, und diese wäre oben bei der krebskranken Frau und würde diese pflegen. Falls es also stimmen würde, dass die Seele seiner bereits verstorbenen Frau im Hause sei, wären gerade vier seiner Frauen zur gleichen Zeit im Haus. Nachdem ich die drei noch lebenden Frauen gesehen hatte, musste ich eingestehen, dass der Mann doch einen sehr guten Geschmack hatte, denn alle drei Frauen, sogar die krebskranke Frau hatten jeweils tolle Figuren und sahen wirklich sehr gut aus. Der Mann dagegen hatte zu mindestens vom Aussehen her hier wohl einfach nur sehr viel Glück gehabt. Ich als Mann konnte jedenfalls keine Erklärung finden, was diese Frauen an ihm so toll fanden. Andererseits hatte ich den Eindruck, dass alle lebenden Frauen noch sehr verliebt in ihn waren. Vielleicht traf dies ja auch auf die Seele seiner verstorbenen Frau zu und sie war deshalb noch im Haus. Dieses Haus selbst war ziemlich verbaut, man konnte keine richtige Richtung erkennen was die Suche nach der Seele etwas erschwerte. Es war zwar einfach, festzustellen, dass die Seele in der unteren Etage war, aber ganz gleich in welchem Raum ich fragte, war die Antwort immer: „Nein"! Diese Antwort bekam ich auch in dem fast sieben Meter langen Flur. Also begann ich die Fragerei wieder von vorne und glaubte schon, mein Tensor würde irgendwie nicht richtig arbeiten als ich wieder alle Räume der Reihe nach abgefragt hatte und die Antwort immer noch die gleiche war, nämlich dass ein Geist hier sei aber in jedem Raum die Antwort immer „hier nicht" lautete. Ich war so wieder in diesem langen Flur gelandet was eigentlich die letzte Möglichkeit war. Nun fragte ich den Tensor, ob sich der Geist in meiner Nähe aufhielt, was dieser bejahte. In diesem Flur war auch ein begehbarer Wandschrank untergebracht, welchen ich beim ersten Male vernachlässigt hatte. Nun wollte ich doch interessehalber auch diesen Wandschrank untersuchen indem nur sehr wenig Platz war, aber genau dort drin war der Geist dieser ersten Frau. Leider konnte ich diesen Geist nicht klar erkennen und ich konnte auch nicht mit ihr kommunizieren. Auch konnte ich mir nicht vorstellen, wie ich in diesen beengten Räumlichkeiten eine Lichtsäule erstellen sollte. Also entschloss ich mich, die Lichtsäule genau in die Schranktür zu installieren, in der Hoffnung, dass die Seele dann auch diese Lichtsäule benutzen würde. Sehen konnte ich es nicht, ob dies der Fall war, aber nachdem die Lichtsäule wieder weg war, hat mein Tensor die Frage, ob noch eine Seele im Haus sei, verneint. Da ich schon einmal gerade da war, wollte der Mann auch noch, dass ich seinen Keller nach unterirdischen Wasseradern überprüfe. Er kam auf diese Idee, nachdem er gesehen hatte, wie ich mit dem Tensor arbeitete, was ihn an Wünschelrutengänger erinnerte. Dies ist sicherlich nicht mein Fachgebiet, aber da ein Tensor tatsächlich wie eine Wünschelrute funktioniert, versuchte ich es einfach und konnte auch eine Wasserader aufspüren. Der Mann bestätigte mir, dass früher genau da, wo sich die Wasserader befände, ein Brunnen befunden habe.

Vor Jahren kam eine Witwe zu mir um sich mittels Hypnose von zwanzig Kilogramm zu vielem Körpergewicht zu trennen. Sie sagte mir, dass ihr Mann vor drei Jahren verstorben sei und sie seitdem jeden Abend aus Langeweile alles Mögliche in sich hineinstopfen würde. Deshalb habe sie in den letzten drei Jahren zwanzig Kilo zugenommen. Ich machte mit ihr eine

Hypnose zur Gewichtsreduzierung welche sehr erfolgreich war. Neun Tage nach der Hypnose fand in meiner Praxis ein Reikitreffen statt, zu dem die Frau auch kam. Sie hat mir bei ihrem ersten Besuch bereits ihr Interesse an Reiki bekundet. Voller Stolz teilte sie mir bei dem Reikitreffen mit, dass sie in den neun Tagen bereits sechs Kilo Gewicht verloren hat. Einige Wochen später rief sie mich an, mittlerweile bereits 12 Kilo leichter und wollte einen Termin für ein Reikiseminar. Während dieses Seminars teilte sie mir mit, dass die Seele ihres verstorbenen Mannes immer noch bei ihr sei. Sie hoffte, dass ich sie jetzt nicht für verrückt erkläre, aber sie könne sich mit ihrem Mann durch Motorik unterhalten. Sie stelle eine Frage und wenn ihre rechte Hand zugeht hieße dies „JA", geht die linke Hand zu heißt dies „NEIN". Sie sagte mir auch, dass sie sehr froh über die Anwesenheit ihres Mannes sei, auch wenn sie selbst leider die Seele nur fühlen könne aber leider nicht sehen könne. Ich teilte ihr mit, dass eine Seele eigentlich woanders sein sollte und nicht mehr hier unter uns. Auch sagte ich ihr, dass ich bereits viele Seelen den Weg durch eine Lichtsäule bereitet hätte und ich auch der Seele ihres Mannes gerne helfen würde, ins Licht zu gehen. Neugierig fragte sie mich, wie dies genau gehe und ich erklärte ihr, dass man bei dem zweiten Reikigrad drei Symbole bekäme mit deren Hilfe man diese Lichtsäule erstellen könne.

Nach einigen Minuten des Nachdenkens erklärte mir die Frau dann, dass sie im Moment noch keine Lichtsäule für ihren

Mann haben wolle. Sie möchte irgendwann einmal selbst den zweiten Reikigrad machen und dann als Zeichen ihrer Liebe der Seele ihres Mannes selbst eine Lichtsäule erstellen, damit sie ins Licht gehen könne.

Die Frau kam und kommt auch heute noch regelmäßig zu unseren einmal im Monat stattfindenden Reikitreffen. Hin und wieder bringt sie, ohne dies zu wollen, auch die Seele ihres Mannes mit. Bei einem dieser Reikitreffen kam dann auch eine andere Frau mit welche ebenfalls seit ein paar Jahren Witwe war. Ihr Mann ist bei einem gemeinsamen Urlaub in der Dominikanischen Republik im Hotelzimmer plötzlich und unerwartet umgefallen und gestorben. Dadurch hatte die Frau gar keine Möglichkeit zu trauern, denn sie musste ja alles organisieren wie zum Beispiel die Überführung der Leiche nach Deutschland. Nun das ganze lag bereits mehrere Jahre zurück und zwischenzeitlich hatte die Frau mehrere Beziehungen, welche aber alle aus den unterschiedlichsten Gründen scheiterten. Ich fühlte, dass die Frau nicht alleine gekommen war. Deshalb nahm ich mein Kontaktsymbol und war auch nicht verwundert, dass neben ihr auch die Seele ihres verstorbenen Mannes anwesend war. Dies teilte ich ihr auch gleich mit, worauf sie empört antwortete, dass sie ihren Mann losgelassen habe und er sicher nicht mehr bei ihr sei. Auch ohne mein Kontaktsymbol konnte ich die Anwesenheit ihres Mannes fühlen. Er war immer als Kälte wahrnehmbar welche sich zwischen der Frau und mir aufhielt. Dabei konnte ich auch die Seite wechseln, sofort war diese Kälte wahrnehmbar. Nachdem ich die Frau überzeugt hatte, dass ihr Mann noch anwesend war, bat sie mich die Seele ihres Mannes ins Licht zu schicken, damit sie endlich wieder glücklich werden würde. Der Grund für das Hiersein der Seele war die Liebe zu seiner Frau.

Nun hatte ich das Problem, keine Lichtsäule stellen zu können, denn dann wäre ja die Seele des anderen Mannes auch mitgegangen, denn ausgerechnet bei diesem Treffen kam auch wieder die Seele des Mannes meiner Reikischülerin mit, welche selbst eine Lichtsäule nach dem zweiten Reikigrad stellen wollte. Diesem Herzenswunsch meiner Reikischülerin wollte ich auf jeden Fall entsprechen. Dies teilte ich auch meiner Besucherin mit. Ich bot ihr an, dass sie in den nächsten Tagen alleine wieder kommen sollte oder noch besser, dass ich sie zuhause besuchen und dann dort eine Lichtsäule für ihren Mann hinstellen könnte. Sie versprach, mich anzurufen und einen Termin zu machen. Dies hat sie bis heute nicht getan. Der Grund hierfür ist, dass sie ihren Mann nicht wirklich gehen lassen möchte. Auch diese Gewissheit hatte ich bereits an diesem Abend anlässlich des Reikitreffens. Leider ist es oft so, dass die Hinterbliebenen so sehr an den Verstorbenen hängen, dass sie nicht loslassen können und dadurch verhindern, dass die Seelen ins Licht gehen können. Dies geschieht selbstverständlich ohne böse Absicht, oft sogar ganz unbewusst. So ist es dann auch nicht verwunderlich, dass jede neue Beziehung immer wieder zum Scheitern verurteilt ist, da sie Seele immer zwischen den

Partnern steht. Je größer die Liebe zu dem verstorbenen Partner war und noch immer ist, umso weniger wahrscheinlich ist die Chance auf eine neue Beziehung.

So kam auch einmal eine Reikischülerin aus Frankreich zu mir. Ihr verstorbener Mann arbeitete in Frankreich als Heilpraktiker. Sie wollte nun sein Lebenswerk fortführen und kam deshalb zu mir um Reiki zu lernen und mit Hilfe von Reiki den Menschen in ihrer Umgebung helfen zu können. Nun ist es in dieser Region in Frankreich üblich, dass die Toten entweder im Leichenschauhaus aufgebahrt werden oder aber auch zuhause bis zur Beerdigung aufgebahrt werden können. Die Entscheidung, wo die Toten aufgebahrt werden sollen, können die Hinterbliebenen treffen. Die Frau hatte sich dafür entschieden, ihren Mann bis zur Beerdigung bei sich im Haus zu lassen. Er lag im gemeinsamen Ehebett und sie legte sich jeden Abend, vier Tage lang bis zur Beerdigung, neben ihn und legte ihre Hand auf den Leichnam. An der Stelle, wo ihre Hand lag sei der Leichnam immer warm geworden teilte sie mir mit. Auch nach der Beerdigung sei ihr Mann immer noch im Haus präsent gewesen und er habe auch mit ihr kommuniziert. Ähnlich wie bei der anderen Frau habe sich jeweils eine Hand von ihr geschlossen wenn sie ihrem Mann eine Frage gestellt habe. Ja sie hatte ihren Mann auch mit zu diesem Reikiseminar gebracht. Als ich ihr anbot, eine Lichtsäule für die Seele ihres Mannes zu stellen, fing sie an zu weinen und bat mich darum, keine Lichtsäule zu stellen. Sie meinte, wenn ihr Mann nicht mehr bei ihr sei würde sie auch sterben. Sie würde auch immer noch den Tisch für zwei Personen decken und so leben, als ob ihr Mann noch lebend bei ihr sei. Ein Leben ohne ihren Mann konnte sie sich auf keinen Fall vorstellen. Ich selbst konnte die Anwesenheit ihres Mannes während der kompletten Woche, in der die Frau hier war, sehr deutlich spüren.

Einen Tag vor der offiziellen Eröffnung meiner Praxis passierte mir auch etwas sehr seltsames. Ich hatte plötzlich das starke Bedürfnis, die Praxisräume mit Weihrauch zu räuchern. Da ich Weihrauchquarz auf Kohle benutze, entwickelte sich sehr viel Rauch in den Räumen. Als meine Frau in die Praxisräume kam schimpfte sie wegen der starken Rauchentwicklung und wollte natürlich von mir wissen, warum ich dies einen Tag vor der Eröffnung tun musste. Ich konnte ihr keinen genauen Grund für mein tun nennen, nur, dass ich auf mein Bauchgefühl gehört habe und deshalb gründlich räuchern würde. Nach dieser Räucheraktion öffneten wird beide Fenstern und ließen den Rauch abziehen. Danach fühlte ich mich sehr wohl in den Räumen und die vorhandene Energie war positiv.

Zwei Tage später erfuhr ich dann, dass genau zu dem Zeitpunkt meiner Räucheraktion eine ältere Frau, welche im gleichen Haus wohnte einfach während dem Geschirrabtrocknen tot umgefallen sei und so in der Küche liegend gefunden wurde. Nun war mir auch klar, warum ich das Bedürfnis hatte, meine Praxis zu räuchern. Ich hatte unbewusst die Seele dieser Frau in meiner Praxis wahrgenommen. Geister und Seelen haben eine Antipathie gegen Weihrauch. Dies erklärt auch, warum in Kirchen immer wieder mit Weihrauch geräuchert wird. Man möchte damit alle negativen Energien aus Kirche verjagen. Normalerweise ist die Gottesenergie eine sehr positive Energie und ich frage mich bis zum heutigen Tag, warum die irdischen Vertreter Gottes so wenig Vertrauen in dessen Energie haben, dass sie in jeder Messe mit dem Weihrauchkessel rumlaufen, zumal es bekannt ist, dass es auch Menschen gibt, welche den Geruch von Weihrauch nicht vertragen. Könnte es eventuell sein, dass diese Besucher der Kirche, welche den Geruch von Weihrauch nicht vertragen, eine Seele mit sich tragen? Manche Seelen heften sich einfach in unsere Aura und gehen überall mit hin wo auch wir hingehen und sie beeinflussen uns dabei natürlich. Durch dieses Andocken der Geister in unserer Aura verlieren wir auch Energie denn diese Seelen rauben uns Energie. Ich habe mich früher immer gewundert, wieso ich nach einem Besuch im Krankenhaus oder auf einem Friedhof stets so ausgelaugt fühlte, bis mir klar wurde, dass dort besonders viele „Energieräuber" waren. Zunächst hatte ich mich nach dieser Erkenntnis mit Schutzsteinen, schwarzer Turmalin oder Gagat geschützt, welche ich dann mitnahm. Da es aber auch vorkam, dass ich die Steine einfach vergaß, schützte ich mich fortan durch das Meistersymbol des Reiki. Lange bevor ich überhaupt durch Reiki sensitiv wurde, begegnete ich eines Nachts meinem Schutzengel. Es war eine sehr neblige Novembernacht und ich befuhr mit meinem Auto eine Landstraße. Zum Glück fuhr ich bedingt durch die

Nebelsuppe nicht sehr schnell, so dass ich plötzlich am Straßenrand eine Gestalt wahrnahm. Im Nebel war diese Gestalt durch ihre weiße Kleidung nicht klar zu erkennen. Sofort dachte ich, dass da jemand vielleicht einen Unfall hatte und Hilfe brauchte. Ich versuchte zu bremsen, bemerkte aber schnell, dass dies nicht ging, da die Straße an dieser Stelle spiegelglatt war. Der Nebel hatte sich dort zu Eis gebildet. Nur stark verzögert wirkten die Bremsen etwas und so blieb ich aber auf der Straße auch in der Rechtskurve, welche nun folgte. Ohne die Gestalt am Straßenrand wäre ich sicher dort aus der Kurve herausgeflogen und an einem der dort stehenden Bäume gelandet. Als ich endlich mein Fahrzeug zum Stehen brachte, drehte ich um und fuhr vorsichtig zurück bis zu jener Stelle, wo diese Gestalt gestanden hatte. Immer noch war ich der Meinung, dass diese Gestalt mich anhalten wollte, weil sie Hilfe benötigte. Aber es war niemand da. Ich hielt sogar an und stieg aus meinem Auto um gründlich nachzusehen. So sehr ich auch schaute und sogar rief, ich war ganz alleine auf dieser Landstraße. Ich drehte mein Auto nochmals und fuhr vorsichtig die letzten sechs Kilometer bis nach Hause. Während dieser Fahrt wurde mir immer mehr bewusst, dass mich mein Schutzengel wohl vor einem schlimmen Unfall bewahrt hatte.

Erst viele Jahre später wurde ich wieder an meinen Schutzengel erinnert. Ich telefonierte mit einer Frau, welche ich bis dahin nicht kannte. Sie lebt im Ruhrgebiet und beschäftigt sich unter anderem auch mit Engelenergien.

Mitten im Telefonat erklärte sie mir, ich solle doch dringend einmal meinen Schutzengel rufen, denn der wäre gar nicht glücklich über den Umstand, dass ich ihn noch nie gerufen hätte. Ich erwiderte, dass ich der Meinung bin, ein Schutzengel sei eh immer bei mir um mich zu beschützen, weswegen ich ihn dann auch nicht ausdrücklich rufen müsse. Die Frau am anderen Ende der Leitung ließ sich davon aber nicht beeindrucken. Sie erklärte mir, dass ich, falls ich meinen Schutzengel nach dem ich ihn gerufen habe, nicht sehen könnte, um irgendein Zeichen seiner Anwesenheit bitten sollte. Ich sollte dieses Zeichen aber keinesfalls vorgeben, sondern nur um ein Zeichen bitten. Nun es dauerte einige Wochen bis ich in einer Meditation wieder an dieses Telefonat dachte und die Gelegenheit wahrnahm, meinen Schutzengel zu mir zu bitten. Nachdem ich ihn gerufen hatte, konnte ich leider nichts sehen oder fühlen, also bat ich um irgendein Zeichen seiner Anwesenheit. Im gleichen Augenblick spürte ich einen Luftzug in meinem Gesicht. Ich sagte nur: „ok lieber Schutzengel, Du scheinst hier zu sein und dann möchte ich Dich auch sehen". Ich lag die ganze Zeit auf meiner Couch im Wohnzimmer und plötzlich konnte ich einen Mann ganz in grau gekleidet mit ebenfalls ergrauten Haaren neben mir sehen, welcher mich aber keines Blickes würdigte. Er redete auch nicht mit mir, sondern nickte lediglich mit einem Kopf auf meine Frage, ob er denn mein Schutzengel sei. Dabei schaute er sehr grimmig vor sich hin, stets an mir vorbei. Ich bemerkte, dass mir dieses Benehmen nun gar nicht gefiel. Aber ich beließ es diesmal dabei. Ich machte mir nach dieser Begegnung viele Gedanken über das Erlebte. Dieser grauköpfige Griesgram sollte mein Schutzengel sein? Eigentlich hatte ich mir meinen Schutzengel sowohl vom Aussehen als aber auch von der Art her ganz anders vorgestellt. Ich war enttäuscht und wollte auch nicht noch einmal meinen Schutzengel zu mir bitten. Er hatte halt da zu sein, wenn ich ihn benötigte, aber ansonsten legte ich keinen weiteren Wert mehr auf Konversation. Erstaunt stellte ich aber bei der nächsten Meditation fest, dass dieser böse vor sich blickende alte Mann schon wieder da war, ohne dass ich ihn überhaupt gerufen hatte. Und wieder sprach er auch kein einziges Wort mit mir. So ging das wochenlang, immer wenn ich meditierte war auch diese Person da, die von sich behauptete, mein Schutzengel zu sein. Irgendwann einmal platzte mir dann doch der Kragen und ich teilte diesem Mann mit, dass er wenn er nicht mit mir reden wolle auch nicht zu kommen bräuchte. Erleichtert stellte ich fest, dass dieses Wesen sich in tausend Stücke auflöste und verschwand. Im nächsten Moment stand eine blonde hübsche Frau neben mir mit langem, blondem und gelockten Haar, bekleidet mit einem weißen Gewand. Es fehlten nur die Flügel und mein Schutzengel wäre perfekt.

Dieses Wesen gefiel mir, sie war nett und sie redete auch mit mir. Ein paar Wochen später, sie war ebenfalls bei jeder Meditation anwesend ohne dass ich sie explizit gerufen hätte, kam mir unverhofft der Gedanke, dass der ältere griesgrämige Mann und diese nette Frau ein und dasselbe

Wesen wären. Also fragte ich, ob ich mit diesen Gedanken richtig läge und die Antwort lautete: „da hast Du aber lange dafür gebraucht, um dies heraus zu finden". Natürlich muss man seinem Schutzengel keine Lichtsäule hinstellen, damit er ins Licht gehen kann, aber es war mir dennoch ein Bedürfnis, dieses Geschehen hier zu erzählen. Ich möchte auf keinen Fall, dass der Leser nun Angst vor Geistern bekommt oder eine bereits vorhandene Angst vermehrt wird. Es gab immer schon Seelen unter uns und es wird sie auch immer geben. In der Regel bemerken wir sie gar nicht und nur sehr sensible Menschen spüren sie oft ohne zu wissen, was sie da spüren. Ich sehe es auch keinesfalls als meine Lebensaufgabe an, verlorene Seelen aufzuspüren und ihnen den Weg ins Licht zu ebnen. Da wo ich sie finde, versuche ich natürlich den Seelen und auch den Menschen, welche durch ihre Anwesenheit leiden, zu helfen. Ansonsten interessiere ich mich keinesfalls für vorhandene Geistwesen und lasse diese auch vollkommen in Ruhe.

Gute 35 Kilometer von mir weg gibt es eine gutgehende Schlosserei. Der Besitzer rief mich an und bat mich darum, seiner kranken Frau einmal eine Reikibehandlung zu geben. Er erklärte mir, dass seine Frau gesundheitlich immer wieder schwanken würde zwischen total gutgehen und total erledigt sein. Eine jahrelange Reise von Arzt zu Arzt brachte zwar immer wieder neue Krankheitsbilder zu Tage, ohne aber einen langfristigen Erfolg. Als Privatpatient hatte er inzwischen ein Vermögen zu den Ärzten getragen. Als ich bei der angegebenen Adresse ankam, stand ich vor einem wunderschönen weißen Haus, welches sehr einladend von außen aussah. Kaum betrat ich aber dieses Haus, kam ich mir wie in einer Gruft vor. Alle Fenster waren mit dicken samtroten Vorhängen zugezogen und im Haus selbst herrschte eine gespenstige Dunkelheit. Was für ein krasser Gegensatz zum Äußeren dieses Hauses. Der Frau sah man auch als Laie sofort an, dass sie ihr Leben nicht mehr genießen konnte oder wollte. Über eine Stunde lang wurden mir die verschiedensten Krankheiten aufgezählt, damit ich auf jeden Fall verstehe, wie schlecht es der Frau ging. Selbst geplante Urlaube mussten abgesagt werden. Schnell war mir klar, dass diese Frau um Aufmerksamkeit und Zuwendung bettelte. Ich gab ihr eine Reikiganzbehandlung, und danach ging es ihr sichtlich besser. Allerdings hielt dieser gute Zustand lediglich ein paar Tage an. Sie rief mich wieder an, und bat um eine erneute Behandlung. Kaum hatte ich das Haus betreten, machte sich wieder dieses Gefühl in mir breit, in einer Gruft zu stehen. Dieses Gefühl teilte ich ihr mit und bat sie darum, die dunklen Vorhänge zurück zu ziehen, damit Licht in das Haus kommen konnte. Die Frau sagte mir daraufhin, dass sie eine Stimme gehört habe, welche ihr die Anweisung gab, alle Fenster zu verdunkeln. Von wem diese Stimme sei, wisse sie nicht, aber sie habe dabei eine große Angst empfunden und deshalb diese Anweisung auch gleich umgesetzt. Ich selbst hatte zu diesem Zeitpunkt keine Anwesenheit eines Geistes gespürt. Da ich grundsätzlich meinen Tensor mitnehme wenn ich Hausbesuche mache, prüfte ich gleich jedes Zimmer ab auf das Vorhandensein eines Geistes. Etwas abseits des eigentlichen Wohnbereiches wurde ich in einer Vorratskammer auch fündig. Es handelte sich dabei um einen weiblichen Geist welcher der verstorbenen Großmutter des Mannes welche offenbar diesen vor seiner Frau beschützen wollte. Sie manipulierte die Frau so, dass diese die unmöglichsten Krankheiten bekam und ihr Leben nicht mehr genießen konnte. Ich stellte ihr eine Lichtsäule hin, welche sie aber laut auflachend ignorierte. Ja sie teilte mir sogar mit, dass es genoss, wie die Frau leiden würde und sie sich dies auf keinen Fall entgehen lassen könnte. Da ich selbst nicht in der Lage bin, Seelen auch gegen ihren Willen ins Licht zu schicken, bat ich meine Geistigen Helfer um Unterstützung. Zum ersten Mal konnte ich feststellen, dass diese Helfer durchaus auch mit Nachdruck eine Seele mit ins Licht nehmen konnten. Jedenfalls hatte die alte Dame keine Chance sosehr sie sich auch wehrte.

Natürlich kann es auch vorkommen, dass man eine Seele wahrnimmt, ohne speziell danach gesucht zu haben. Dies passierte mir bei einer sehr schönen Tagesfahrt ins Elsass. Es war eine regelrechte Pilgerstätte der anfangs oft erwähnten Kartenlegerin. Oft war diese bereits zum Berg der heiligen Odile in der Nähe von Straßburg gefahren. Le Mont Saint Odile heißt dieses alte elsässische Kloster und es handelt sich hierbei um einen sehr spirituellen Ort. Bereits die Kelten hatten diesen Berg schon für ihre Rituale genutzt und wer sich aufmerksam dort umschaut, findet auch noch mehrere keltische Gräber. Aber ebenso befindet sich dort eine wunderschöne Engelskapelle.

Die heilige Odilia ist die Schutzpatronin des Elsass. Sie hat um das Jahr 700 das Kloster gegründet. In der Odiliakapelle ist ihr Grab.

Habe ich schon erwähnt, dass ich ein sehr neugieriger Mensch bin? Ich glaube, ja. Deshalb war es auch nicht weiterhin verwunderlich, dass ich meine Hände auf den steinernen Sarg der heiligen Odilia legen wollte, um festzustellen, welche Energien hier vorhanden waren. Ich konnte aber nur sehr kalte Energien spüren und hatte plötzlich die Vision, dass die arme Seele dieser Heiligen hier gefangen ist. Die Franzosen mögen es mir verzeihen, aber ich konnte nicht anders als dieser armen Seele eine Lichtsäule hinzustellen, ohne dabei aber Kontakt zu dieser Seele zu haben. Ich stellte also einfach eine Lichtsäule hin und teilte der Seele mit, dass sie gerne ins Licht gehen könne, wenn sie dies auch wollte. Ob die Seele diesen von mir zur Verfügung gestellte Möglichkeit nutzte oder nicht, konnte ich nicht feststellen. Ich hatte ja keinen Kontakt zu ihr, und genau genommen war es mir auch gleichgültig, ob sie gehen wollte oder doch lieber bleiben. Dass die Seele dann doch gegangen war, bemerkte ich erst an der Reaktion der Kartenlegerin, welche wie ich bereits berichtet hatte, immer einen Brechreiz bekam, wenn eine Seele ins Licht ging. Genau dies passierte ihr, während sie in dieser Kirche saß und betete, und dies, obwohl sie nicht wusste, was ich zur gleichen Zeit tat. Erst Stunden später erzählte ich ihr von diesem Tun und sie meinte, dass sie jetzt wisse, wieso sie in dieser wunderschönen Kirche einen Brechreiz bekam.

Eine Schülerin von mir erzählte mir einmal, dass in dem Ort, wo ihre Mutter wohne, eine kleine Engelkapelle sei. Diese

Kapelle liege etwas abseits am Rande eines Waldes. Eines Tages während sie ihre Mutter besuchte, kamen beide Frauen auf die Idee, diese Engelskapelle zu besuchen. Nachdem sie dort ankamen gingen sie einen etwa einhundert Meter langen Weg zu der Kapelle und öffneten die Türe. Meine Schülerin berichtete mir, dass im gleichen Augenblick eine Eiseskälte zu spüren war und sie voller Furcht ihre Mutter wieder mit nach draußen gezerrt habe um mit ihr zu flüchten. Außer den beiden Frauen war kein anderer Mensch anwesend. Was meine Schülerin genau gespürt hatte, konnte sie mir nicht sagen. Sie meinte lediglich, dass sie noch nie so eine Furcht empfunden habe. Diese Erzählung machte mich nun doch neugierig und so beschloss ich, mir diese Kapelle einmal anzusehen. Da die Kapelle nicht in meinem Navigationsgerät erwähnt wurde, war ich auf die Hilfe meiner Schülerin angewiesen. Wir machten also einen Termin, um zu dieser seltsamen Kapelle zu fahren. Zwei Tage vor diesem Termin hatte ich nachts einen seltsamen Traum. Ich träumte von dieser Kapelle, wie ich dort ankam und diese Kapelle von einem sehr negativen Wesen bewohnt war, welches viele, ich nenne sie mal Untertanen, um sich geschert hatte.

Als wir dann zu dieser Kapelle fuhren hatte ich doch ein schlechtes Gewissen wegen meiner Schülerin. Ich war mir nicht sicher, wie ich sie schützen konnte. Um mich selbst machte ich mir keine Gedanken. Nachdem wir angekommen waren gingen wir auch gleich in diese Kapelle und ich war überrascht, dass ich nichts Negatives wahrnehmen konnte.

Auch mein mitgenommener Tensor konnte keine negativen Energien anzeigen. Also fuhren wir unverrichteter Dinge wieder nach Hause.

In der darauffolgenden Nacht träumte ich schon wieder von dieser Kapelle. Ich sah ein Wesen, welches sich offensichtlich über mich lustig machte. Am nächsten Morgen rief ich meine Schülerin an und teilte ihr mit, dass ich nochmals dort zu der Kapelle fahren müsse. Wir hatten einige Dinge total falsch gemacht. Normalerweise begebe ich mich grundsätzlich in die Reiki Meisterenergie wenn ich denke, dass ich mit negativen Energien in Kontakt komme. Diese Meisterenergie gibt mir das Gefühl des absoluten Schutzes. Außerdem kann man in dieser Schwingung erst richtig gut unterschiedliche Energien wahrnehmen. Ich konnte nicht mehr sagen, warum ich dies bei meinem ersten Besuch nicht getan hatte, zumal ich ja nicht alleine dort war und mir sehr viele Gedanken um den Schutz meiner Schülerin machte. Auch meine Schülerin konnte sich nicht erklären, warum wir keinerlei Vorsichtsmaßnahmen ergriffen hatten und auch keine Energien feststellen konnten. Sie beschloss spontan, mich auch diesmal wieder zu begleiten und ließ sich auch nicht von mir davon abbringen.

Wir fuhren also wieder zu dieser Kapelle und diesmal begaben wir uns rechtzeitig in die Meisterenergie. So geschützt betraten wir die Kapelle. Eigentlich war alles wie beim ersten Besuch. Keiner von uns konnte etwas Unnormales feststellen. Allerdings spürten wir beide, dass etwas nicht stimmte. Die Kapelle war schlicht gehalten mit einem kleinen, sehr alten Altar und etwa dreißig Holzbänken. Links neben dem Altar war eine etwa einen Meter hohe Gipsfigur in Engelsgestalt aufgestellt. Mich wunderte, dass diese Figur offensichtlich mit einer dunkelbraunen Farbe gestrichen war. Das wollte ich mir näher ansehen und ging deshalb zu dieser Figur. Als ich meine Hände über die Figur hielt, spürte ich sofort eine Eiseskälte welche von der Figur ausging. Ich rief meine Schülerin zu mir und bat sie ohne weiteren Kommentar, ihre Hände über diese Figur zu halten. Auch meine Schülerin nahm diese Kälte sofort wahr und sie schüttelte sich so als ob sie Schüttelfrost hätte. Wir schickten beide gleichzeitig etwa fünfzehn Minuten Reiki in diese Figur. Danach war die Kälte verschwunden und wir konnten nichts Negatives mehr feststellen.

Etwa drei Wochen später musste ich wegen einem Vortrag wieder in diesen Ort fahren. Der Vortrag, es war ein Vortrag über Hypnose – war gegen einundzwanzig Uhr beendet. Da ich schon mal hier war, beschloss ich, dieser kleinen Kapelle einen Besuch abzustatten. Ich fuhr also zu der Kapelle und war überrascht, dass um diese Zeit dort ein Fahrzeug parkte. Beim aussteigen bemerkte ich ein etwa fünfzehnjähriges Mädchen, welches vor der Tür der Kapelle gestanden hatte und bei meinem Eintreffen schnell in die Kapelle lief. Ich lief also ebenfalls schnell zu dieser Kapelle und als ich in die Türe trat, sah ich vier junge Männer welche mit dem Mädel heftig diskutierten. Alle waren ganz in schwarz gekleidet   und auf dem Altar waren schwarze Kerzen angezündet. Einfach aus dem Bauch heraus rief ich: „Ihr habt mich gerufen, was wollte ihr von mir?" Wie von einer Tarantel gebissen rannte die fünf aus dieser Kapelle zu ihrem Auto und fuhren mit quietschenden Reifen weg. Nun wusste ich auch, warum diese Engelkapelle negative Energien beherbergte.

Früher hatte die Kirche ihre Gotteshäuser oft auf heidnische Plätze gebaut. Dies hatte zwei Vorteile, erstens kannten die Menschen den weg genau und der Mensch ist ja bekanntlich ein Gewohnheitstier, zum Zweiten war damit der heidnische Platz nicht mehr vorhanden. Oft wurde neben der Kirche dann auch gleich ein Friedhof angelegt und dadurch kommt es öfter vor, dass verstorbene Seelen, welche den Weg ins Licht nicht gleich gehen konnten, nun in und um das Gotteshaus verweilen. Vielleicht ist unbewusst auch das Ritual des Weihrauchräucherns deshalb immer noch allgegenwärtig um diese Seelen aus dem Haus Gottes zu vertreiben. Ursprünglich wurde in den Kirchen geräuchert, um Negatives wie Krankheiten, böse Geister usw. zu verjagen. Heute hingegen werden Krankheiten von ausgebildeten Medizinern geheilt und gegen negative Energien ist das Räuchern mit Weihrauch nur bedingt erfolgreich. Eine liebe Bekannte wollte in Berlin ein Geschäft mit Heilsteinen eröffnen. Das angemietete Ladenlokal war vormals eine Metzgerei, wo Tiere auch selbst geschlachtet wurden. Da diese Frau sehr sensibel Energien wahrnimmt, war es nicht verwunderlich, dass sie die Seelen der dort getöteten Tiere spürte. Alleine das Ausräuchern mit Weihrauch half nicht viel. Sie musste durch weitere Rituale, unter anderem auch mit Reiki die Räumlichkeiten gründlich reinigen. Erst danach waren die Räume mit positiver Energie aufgeladen. Da ich gerade beim Thema Heilsteine bin, möchte ich die Gelegenheit nutzen und über die sogenannten Schutzsteine etwas schreiben. Als der Schutzstein überhaupt wird oft der schwarze Turmalin angeboten. Dieser Stein schützt dadurch, dass er negative Energien auf sich selbst zieht. Dadurch werden wir geschützt, aber der Stein ist deshalb selbst oft negativ und muss ständig gereinigt werden. Das heißt, er muss unter fließendem Wasser abgespült werden und anschließend entweder durch Reiki oder das Hinlegen in der Vormittagssonne oder Nachmittagssonne wieder aufgeladen werden. Wer dies nicht beachtet, trägt bald ständig negative Energien mit sich herum, wenn er den Stein umhängen hat. Besser geeignet ist als Schutzstein der „Gagat". Dieser Stein wehrt einfach negative Energien ab ohne dadurch selbst negativ zu werden.

Eine liebe Bekannte von mir erzählte mir, dass sie das Gefühl habe, ihre vor drei Jahren verstorbene Mutter sei hin und wieder bei ihr in der Wohnung anwesend. Sehr stark verspüre sie dies, wenn ein Problem aufgetaucht wäre und sie keine Lösung für dieses Problem erkennen würde. Sie würde in solchen Fällen stets ein leeres Blatt Papier und einen Bleistift nehmen. Den Bleistift setzt sie dann auf das leere Blatt Papier während sie selbst ihre Augen dabei schließen würde. Dann würde sie intensiv an das Problem denken und um Hilfe bitten. Wie von einer unsichtbaren Hand geführt, beginnt sie nun zu schreiben und wenn dies Schreiben beendet wäre, würde sie sich bedanken und ihre Augen wieder öffnen. Was sie schreiben würde wisse sie beim Schreiben selbst nicht. Erst nach dem Öffnen der Augen könne sie dann die zugebenermaßen krakelige Schrift entziffern. Nicht immer steht dann eine sofort erklärende Lösung da, aber nach längerem Überlegen käme ihr dann doch die Erleuchtung, wie sie das Problem nun doch lösen könne. Sie kann bei der ganzen Aktion ihre Mutter weder sehen, noch hören, sondern nur fühlen. Nun war die Bekannte in dem Dilemma, einerseits froh und dankbar für diese Hilfe zu sein, andererseits aber hatte sie ein schlechtes Gewissen, wie sie glaubte damit die Seele der verstorbenen Mutter fest zu halten und sogar auszunutzen. Ich sagte ihr, dass sie sich schon entscheiden müsse, was sie nun genau wollte. Auch erklärte ich ihr, dass die Mutter auch nachdem sie ins Licht geschickt wird durchaus noch mit ihr in Kontakt treten könne. Dann müsse sie aber ihre Mutter explizit rufen und um Hilfe bitte und dies sei auch nur möglich bis die Seele wieder re-inkarniert sei. Die Bekannte bat sich Bedenkzeit aus und zwei Wochen später bat sie mich, für ihre Mutter nun doch eine Lichtsäule zu erstellen. Ich überließ es in diesem Falle der Seele, ob sie die Lichtsäule benutzen oder doch lieber hier bleiben wollte. Allerdings nahm die Seele die Option, die Lichtsäule zu benutzen dankbar an. Auch heute, nachdem zwei Jahre vergangen sind, kann die Bekannte immer noch auf die Hilfe ihrer Mutter vertrauen.

Es gibt durchaus Orte, und damit meine ich keine Gemeinden sondern Stellen an denen immer wieder Geister erscheinen und oft auch wieder von ganz alleine verschwinden. Selbst nachdem dort eine Lichtsäule hingestellt wurde und es danach frei von Geistern war, sind bereits wenige Tage später schon wieder Geister anwesend. Oft handelt es sich dabei nicht um die gleichen Geister sondern um andere. Man kann feststellen, dass seit das Haus erbaut wurde, dort kein Mensch wirklich glücklich wurde oder es sehr oft zu Suizid kam. Aber warum kommen genau in dieses Haus immer wieder Geister? Nun dafür kann es verschieden Gründe geben. Zum einen kann es sein, dass dieses Haus genau auf einem oder in der Nähe eines Kriegsschlachtfeldes erbaut wurde und die Seelen der gefallenen Soldaten immer noch umher wandeln auf der Suche nach einem sicheren Ort. Es kann aber auch sein, dass ganz in der Nähe ein Friedhof liegt und dadurch Seelen, welche aus unterschiedlichen Gründen nicht gleich ins Licht gehen konnten umher irren. Da ich bisher noch keine Möglichkeit gefunden habe, eine Lichtsäule auf Dauer zu erstellen, muss hier von Zeit zu Zeit immer wieder eine Lichtsäule erstellt werden, es sei denn, man arrangiert sich mit den Geistern und hat auch keinerlei Angst vor ihnen.

Mein erstes Zusammentreffen mit Wesen aus dem Jenseits liegt übrigens schon mehr als dreißig Jahre zurück. Es war eine extrem kalte Novembernacht mit dichtem Nebel und ich fuhr auf einer Landstraße von einer Veranstaltung nach Hause. Da die Sicht kaum fünfzig Meter betrug fuhr ich natürlich langsam. Plötzlich sah ich am rechten Wegrand eine weibliche Gestalt ganz in weiß gekleidet stehen, welche mir zuwinkte. Da weit und breit kein Haus war erschrak ich zunächst und wollte abbremsen. Normalerweise hätte ich wissen müssen, dass Nebel und Minustemperaturen zu gefährlichem Glatteis führen können, da ich aber übermüdet war, hatte ich daran überhaupt nicht gedacht. Umso überraschter war ich, als ich merkte, dass die Straße hier spiegelglatt war. Mit viel Mühe erreichte ich, dass mein Auto langsamer wurde und noch vor einer fast rechtwinkeligen Kurve zum Stehen kam. Damals gab es weder ESP noch ASP. Wäre diese Gestalt am Wegesrand nicht gewesen hätte ich diese Kurve niemals geschafft und schwer verunglückt. Zunächst glaubte ich, dass im Nebel bereits ein Unfall war und mich die Verunglückte warnen wollte. Ich fuhr also ganz langsam weiter bis ich eine Stelle zum Wenden des Autos fand und fuhr langsam zurück um zu helfen. Aber es war niemand da, so sehr ich auch suchte, ich fand weder eine Person noch ein Fahrzeug. Ich drehte nochmals und fuhr wieder langsam zurück, aber ich fand niemand. Auf den letzten zehn Kilometern nach Hause ging mir diese

Angelegenheit nicht mehr aus dem Kopf, aber immer noch glaubte ich an meine Version eines Unfalls und ich machte mir große Sorgen, dass da draußen vielleicht doch jemand war und ich ihn nur im Nebel nicht gefunden hatte.

Am nächsten Tag fuhr ich im Hellen wieder an diese Stelle, aber ich fand keinerlei Spuren eines Unfalls. Wieder zurück erzählte ich den nächtlichen Vorfall einer Nachbarin worauf diese meinte, ich hätte einen guten Schutzengel gehabt. Erst da erkannte ich was in der Nacht geschehen war. Die meisten Menschen haben Angst vor Geistern, sie bekommen eine Gänsehaut wenn sie sich vorstellen, dass jemand da ist den sie nicht sehen, der aber durchaus in der Lage ist alles zu sehen und zu hören was man so tut oder sagt. Dabei hofft aber auch gleichzeitig jeder Mensch, dass mit dem Tod nicht alles vorbei ist. In jeder Religion wird diese Hoffnung genährt. Und um einen in Deutschland bekannten Politiker zu zitieren: das ist auch gut so! Unsere Angst vor dem Tod würde ins Unermessliche steigen, hätten wir nicht die Hoffnung auf ein Weiterleben nach dem Tod. Ja wir hoffen sogar, dass wir dann ganz ohne Sorgen, Krankheiten wie im Paradies leben. Und obwohl wir hoffen, dass unsere Seele den Tod des Körpers überlebt, haben wir Angst vor genau diesen Seelen die diesen Weg bereits gegangen sind. Diese Seelen können uns nicht wirklich schaden, im Gegenteil, oft passen sie auf uns auf damit uns nichts passiert. Es ist alleine die Vorstellung in unserer Privatsphäre nicht wirklich alleine zu sein und ständig beobachtet zu werden, welche uns diese Möglichkeit als unangenehm empfinden lässt. Dabei ist es keinesfalls so, dass wir ständig von Geistern umgeben sind, sie kommen und gehen auch wieder. Manche kommen auch nur zu uns, wenn wir sie bewusst oder unbewusst rufen und dann sind wir sehr froh, wenn sie uns helfen.

Eine Reikischülerin hatte oft Besuch von Geistern, wusste aber nicht wer sie waren und was sie bei ihr wollten. Also entschloss sie sich, den zweiten Reikigrad zu machen obwohl sie gleichzeitig Angst vor diesen Wesen hatte. Noch während meiner Anwesenheit bei ihr, bat sie mich darum, Kontakt mit dem oder den anwesenden Geistern herzustellen. Der erste Kontakt war dann mit ihrem verstorbenen Vater. Dieser teilte mir mit, dass er die ganze Zeit auf seine Tochter aufgepasst habe, nun aber nicht mehr lange kommen könnte. Ich sollte an seiner Stelle auf seine Tochter aufpassen bis diese in der Lage sei, selbst auf sich aufzupassen. Er freute sich sehr darauf mit seiner Tochter kommunizieren zu können was nach Beendigung des Seminars auch möglich war. Sehr überrascht war ich allerdings dann doch, dass plötzlich noch mehr Geister anwesend waren. Es handelte sich dabei um den Großvater meiner Schülerin und dessen Bruder welche sich beide mit Gas das Leben genommen hatten. Meine Schülerin hatte offensichtlich eine sehr emotionale Bindung zu ihrem Großvater und dessen Bruder und konnte deren Tod nicht so einfach hinnehmen zumal die Gründe für deren Selbstmord nicht bekannt waren. Es gab keinerlei Abschiedsbriefe. Ebenso stand auch noch die Behauptung der

Schwester meiner Schülerin im Raume, der Vater hätte sich an ihr zu Lebzeiten vergangen. Auf die Frage, ob dies stimme antwortete der Vater, sie solle sich selbst fragen, ob dies so war oder nicht und wüsste dann auch die Antwort. Es flossen jede Menge Tränen. Für den Großvater und dessen Bruder habe ich dann eine Lichtsäule erstellt damit die armen Seelen endlich ihre Ruhe fanden. Auch der Vater kam nur noch einige Wochen lang gelegentlich vorbei um sich dann endgültig zu verabschieden.

Es kann auch vorkommen, dass uns unsere Phantasie einen Streich spielt, insbesondere dann, wenn wir nicht loslassen können oder wollen. So bin ich dreimal zu einer Familie gefahren, welche behauptete, dass die Seele der vor zwei Jahren verstorbenen Mutter der Frau immer im Hause umher irren würde. Beide, die Frau sowie ihr Mann sagten, dass sie immer ein Kratzen oder Scharren hören würden, insbesondere abends wenn alles rund herum ruhig wäre. Ich selbst konnte nie eine Seele wahrnehmen und auch mein bereits erwähnter Tensor verneinte dies auf die Frage, ob hier eine Seele anwesend sei. Das Ehepaar war sichtlich enttäuscht, als sich herausstellte, dass die gehörten Geräusche von einem Siebenschläfer unter dem Dach stammten. Die meisten Menschen hätten an dieser Stelle sicherlich erleichtert aufgeatmet, aber diese Familie hatte sich sehr gewünscht, dass es sich bei dem Verursacher der Geräusche wirklich um die Seele der Mutter handelte.

Wie aber erstellt man nun eine Lichtsäule? Nun die kann jeder Mensch ganz einfach selbst indem er sich einen Obelisk aus purem Licht visualisiert und dann der anwesenden Seele damit den Weg ins Jenseits öffnet.

Bei Tieren visualisiert man anstelle der Lichtsäule einen Regenbogen über den die Seele ins Jenseits gehen kann. Natürlich hat man so keine Garantie, dass die Seele wirklich weggegangen ist. Wer aber in den zweiten Reikigrad eingeweiht wurde kann mit dem dritten Symbol Kontakt mit der Seele aufnehmen. Ich möchte stets wissen, warum die Seele noch hier ist, wer die Seele überhaupt ist und natürlich, ob sie den angebotenen Weg ins Licht auch tatsächlich geht.

Habe ich den Kontakt mit der Seele hergestellt erzeuge ich mental eine Lichtsäule, wie etwa ein Obelisk, und biete der

Seele den Weg ins Licht an. Falls die Seele den Weg nicht findet, bitte ich meine geistigen Helfer hinzu, um der Seele den Weg ins Licht zu zeigen.

Weitere Bücher vom gleichen Autor:

Reiki-Ratgeber für Tiere

und andere sanfte Heilmethoden

ISBN 978-3-8370-7255-6

Paperback

104 Seiten

€ 8,50 (inkl. MwSt.)

Der Autor Wolfgang Kellmeyer ist schon seit vielen Jahren als Reikilehrer und Tierheilpraktiker tätig. In dieser Zeit sammelte er viele Erfahrungen mit Tieren und Reiki. Diese Erkenntnisse möchte er durch dieses Buch weitergeben. Darüber hinaus finden sich viele Informationen über Bachblüten, Edelsteine und andere Heilmöglichkeiten in diesem Buch.

Keinesfalls sollen die Anregungen den Besuch beim Tierarzt oder Tierheilpraktiker ersetzen sondern sie stellen lediglich eine Ergänzung   zu der Tiermedizin dar.

Reiki – Dein Lebensweg

Mit 55 Reiki Lebensweisheiten

140 Seiten

30 Abbildungen
Paperback
ISBN-13: 978-3-8370-8140-4

Preis 12,50 €

Dieses Buch beinhaltet
Grundsätzliches über Reiki, über die
Chakren mit verschiedenen Arten des
Chakrenausgleiches, das
Unterbewusstsein, das Bauchhirn und
55 Reiki - Lebensweisheiten sowie zu jeder Weisheit Tips wie
Bachblüten, Affirmationen und Heilsteine
Autor: Wolfgang Kellmeyer
Reikilehrer

www.Kummerkastensaar,de

Dazu können Sie die 55 Reikilebenkarten

im Internetshop erwerben.